Annette Blumenschein / Ingrid Ute Ehlers
Der Pippi Langstrumpf-Faktor

Annette Blumenschein
Ingrid Ute Ehlers

Der Pippi Langstrumpf-Faktor

Managen mit
Kreativ-Kompetenz

MURMANN

MURMANN SELBSTMANAGEMENT

Die Deutsche Bibliothek – CIP-Einheitsaufnahme
Ein Titelsatz für diese Publikation ist bei
der Deutschen Bibliothek erhältlich
ISBN 3-938017-10-4

Das Werk einschließlich aller seiner Teile ist urheberrechtlich geschützt.
Jede Verwertung ist ohne Zustimmung des Verlages unzulässig.
Das gilt insbesondere für Vervielfältigungen, Übersetzungen, Mikroverfilmungen
und die Einspeicherung und Verarbeitung in elektronischen Systemen.

1. Auflage September 2004

Copyright © 2004 by Murmann Verlag GmbH.

Lektorat: Evelin Schultheiß, Ahrensburg.
Umschlaggestaltung: Rothfos & Gabler, Hamburg.
Umschlagfoto: Jens Haas/Photonica
Herstellung und Gestaltung: Eberhard Delius, Berlin.
Satz: Offizin Götz Gorissen, Berlin
Gesetzt aus der Minion und Meta.
Druck und Bindung: Freiburger Graphische Betriebe, Freiburg.
Printed in Germany.

Besuchen Sie uns im Internet: www.murmann-verlag.de

Inhalt

Karl-J. Kluge: Ein kreativer Auftakt 7

Den Pippi Langstrumpf-Faktor entdecken 9
Eine aufschlussreiche Begegnung

    Kreativ-Kompetenz als ökonomisch nutzbare Ressource 11
    Kalkulierbar schöpferisch?

    Rendezvous mit einer Romanfigur 15
    Das Profil von Pippi Langstrumpf

    Der Sprung ins Kreative Abenteuer 29
    Was wäre, wenn…

Den Pippi Langstrumpf-Faktor erleben 31
Eine Entdeckungsreise durch sieben Kreative Abenteuer

    Das erste Kreative Abenteuer 33
    Kreativ-Kompetenz Neugier

    Das zweite Kreative Abenteuer 57
    Kreativ-Kompetenz Perspektivwechselfähigkeit

    Das dritte Kreative Abenteuer 71
    Kreativ-Kompetenz Einfallsreichtum

    Das vierte Kreative Abenteuer 97
    Kreativ-Kompetenz Mut

Das fünfte Kreative Abenteuer 121
Kreativ-Kompetenz Humor

Das sechste Kreative Abenteuer 145
Kreativ-Kompetenz Motivationsfähigkeit

Das siebte Kreative Abenteuer 175
Kreatives Klima kultivieren

Vom Pippi Langstrumpf-Faktor profitieren 191
Ein Plädoyer für Kreativ-Kompetenz

Durchblick 193
Kreativ-Kompetenz in der Welt des Management

    Kreativ-Kompetenz Neugier 195
    Kreativ-Kompetenz Perspektivwechselfähigkeit 199
    Kreativ-Kompetenz Einfallsreichtum 209
    Kreativ-Kompetenz Mut 217
    Kreativ-Kompetenz Humor 223
    Kreativ-Kompetenz Motivationsfähigkeit 228
    Kreatives Klima kultivieren 236

Einblick 239
Ein Kaleidoskop von Ansichten und Einsichten zu Kreativ-Kompetenz

Ausblick 248
Der Beginn eines Kreativen Dialogs

Literaturspektrum 251

Ein kreativer Auftakt

Mit dem Begriff Kreativ-Kompetenz verbinden sich große Hoffnungen und positive Erwartungen. Viele Menschen verfügen über diese Fähigkeit und nutzen sie mit Erfolg, viele arbeiten noch daran, genau dies zu erreichen. Keiner erklärt sie für unerwünscht oder gar hinderlich. Politiker, Manager, Künstler, Pädagogen, Psychologen, Ausbilder, alle, die neue und produktive Ideen, Prozesse, Produkte oder Verfahren innerhalb einer Gruppe, einer Organisation oder einer Gesellschaft generieren wollen bzw. müssen sind auf diese Schlüsselkompetenz angewiesen.

Ich selbst weiß um die Bedeutung der in diesem Buch vorgestellten, von den Autorinnen in der Praxis entwickelten Kreativ-Methoden, mit denen sich exzellent arbeiten lässt – sowohl im Beruf als auch im Alltag. Diese Methoden wirken insofern grundlegend, als sie beim Denken ansetzen, denn: Wer kreativ ist, hat die Chance, seine blockierenden Denkmuster zu überwinden.

Die von Annette Blumenschein und Ingrid Ute Ehlers vorgestellten Basis-Skills für die Anwendung des »Pippi Langstrumpf-Faktors« werden allerdings nur dann zur vollen Geltung kommen, wenn die Kultur eines Unternehmens oder einer Organisation für Kreativität aufbereitet ist und kreativitätsförderliche Umfeldbedingungen spürbar und garantiert sind.

Jeder, der Kreativität als Chance begreift und wahrnimmt, hat wiederum die Chance, jene Denkmuster zu überwinden, die ihm Veränderungen erschweren, wenn nicht ganz verweigerten. Umgekehrt werden an Unternehmern, Führungskräften, Trainees, die sich gegen Veränderungen sperren, die negativen Folgen blockierter Kreativität deutlich. Denn von den Neuerungs-Widerständen der anderen kann jeder lernen, der seine Mitarbeiter kontinuierlich in Leistungs-Kompetenz oder im Change-Management coachen will oder von der Kreativitäts-Angst seiner Führungskraft bzw. seiner Mitarbeiter blockiert wird.

Ob nun »verknöcherte« Unternehmer, Führungskräfte mit handfesten Vorurteilen oder denkresistente Kollegen sich als Problem erweisen - dieses impulsreiche und praxisstrategische »Werkbuch der Kreativität« nimmt jede Gelegenheit wahr, die Zögernden zu ermutigen und den Motivierten aufzuzeigen, dass und wie man seine Kreativ-Kompetenz steigern und sein Funktionsfeld kreativ managen kann.

Wer erfolgreich führen und arbeiten will, der findet bei Annette Blumenschein und Ingrid Ute Ehlers Top-Ideen und Lösungsansätze für jeden beruflichen Ausnahmezustand, Kreativitätsregeln für Alltagsnöte und Anleitungen, jene Fehler zu vermeiden, an denen auch die ganz Großen gescheitert sind. Diese praxisbewährten, kreativitätstrainierten, umfassend inspirierenden Verfasserinnen dieses Buches wenden sich sowohl an Manager, Führungskräfte, Personalentwickler, Trainer, Berater, Coaches, Frauen und Männer, die handfeste Übungen und Techniken brauchen, transfergerechte Reflexionen einleiten sowie Unternehmen und Institutionen jeder Art innovativ begleiten wollen.

Ich wünsche Ihnen viel Erfolg mit Ihrer Kreativ-Kompetenz!

Dr. Karl-J. Kluge
Professor für Potenzialförderung an der Universität zu Köln, Unternehmer, Personalentwickler, Profiling-Coach

Den Pippi Langstrumpf-Faktor entdecken

Eine aufschlussreiche Begegnung

Krea

Kreativ-Kompetenz als ökonomisch nutzbare Ressource

Kalkulierbar schöpferisch?

Kreativität gehört zu den Schlüsselkompetenzen im Management, denn: Unternehmen leben von guten Ideen. Kreative Mitarbeiterinnen und Mitarbeiter sind ein wesentlicher Erfolgsfaktor im internationalen Wettbewerb. Dies gilt erst recht für Länder, in denen nicht Bodenschätze und Agrarwirtschaft oder industrielle Fertigung, sondern Dienstleistungen den Hauptanteil des Sozialproduktes ausmachen. Hier ist Wissen Standortfaktor Nummer eins und neue Ideen zu fördern, ist eine der Hauptaufgaben von Führungskräften.

Wer allerdings die Ergebnisse von Kreativprozessen als Ideen einfordert, der sollte auch die entsprechenden Voraussetzungen dafür schaffen.

Ideen als neue Impulse sind zielgerichtet und konsequent zu managen, damit sie nicht im Sande verlaufen. Bei der Entwicklung und Realisierung von Ideen können eingefahrene Sichtweisen zum gefährlichen Ballast werden. Dagegen hilft der Einsatz von strukturierter Kreativität. Anstatt auf intuitive Eingebungen zu warten und damit eher zufällig zu verfahren, geht es darum, Ideen kalkulierbar schöpferisch einzusetzen, das heißt, sie mit System zu generieren und mit Struktur zu realisieren.

Ideen zu managen, also kreative Energie zu bändigen, erscheint zunächst als ein Widerspruch in sich. Denn Kreativität wird oft mit Begriffen wie »spontan«, »sprunghaft«, »lebendig« – aber auch »unberechenbar«, »launisch« und »nicht zu steuern« – assoziiert.

Die weit verbreitete Meinung dazu ist: Entweder man hat diese Gabe oder man hat sie eben nicht. Es ist höchste Zeit, mit diesem Vorurteil aufzuräumen. Wenn Kreativität ausschließlich bedeuten würde, auf intuitive Eingebungen, Einfälle und Ideen zu warten und damit eher spontan zu verfahren, dann wäre sie keine ökonomisch nutzbare Ressource, sondern ein unkalkulierbares Glücksspiel.

Doch gerade Unternehmen benötigen heute mehr denn je kreatives Potenzial, das zuverlässig einsetzbar ist. Wenn konkurrenzfähige Produkte und Dienstleistungen entwickelt und am Markt durchgesetzt werden sollen, dann gilt es die Herausforderungen schwieriger Marktbedingungen und anspruchsvoller Kunden anzunehmen.

Auf zunehmend gesättigten Märkten und in der Zeit globalen Wettbewerbs ist es notwendig, neue Ideen und neue Wege aktiv zu fördern und sich nicht nur auf Kostenreduzierung zu konzentrieren. Ein unbestreitbar wichtiges Ziel ist, kostengünstige Produkte und Leistungen über die gesamte Wertschöpfungskette hinweg anzubieten. Doch wer als einziges Alleinstellungsmerkmal aufweisen kann, billiger bzw. kostengünstiger zu sein als die Mitbewerber, wird sich auf Dauer nicht erfolgreich auf den heutigen Märkten behaupten. Auch wenn es kurzfristig gesehen diesen Anschein macht und bei zahlreichen Diskussionen der Schwerpunkt auf die Kostenreduktion gelegt wird.

Besser und billiger zu sein als die Konkurrenz sind Wettbewerbsvorteile, die bereits von namhaften Ökonomen des 20. Jahrhunderts wie Joseph Alois Schumpeter und Michael Porter hervorgehoben wurden. »Besser« gilt heutzutage immer bezogen auf die gesamte Wertschöpfungskette, also auch im Hinblick auf Prozesse innerhalb des Unternehmens sowie in Verbindung mit Kooperationspartnern wie Lieferanten und Absatzmittlern.

»Besser« heißt heutzutage vor allem schneller als der Wettbewerb. Und »besser« heißt, nicht unbedingt aufwendigere, sondern eher einfachere Lösungen anzubieten als der Wettbewerb. »Besser« heißt schließlich auch, pro-aktive Ideen und Lösungen anzubieten und vorausschauend Trends zu prägen. Nur so wird es noch möglich sein, in einer dynamischen Umwelt lebensfähig und dauerhaft erfolgreich zu bleiben.

Es heißt: »Wer nichts wagt, der nichts gewinnt.« Doch eigentlich gilt: Wer nichts wagt, der wird verlieren – zumindest an Vorsprung im Wettbewerb.

Damit es in der gesamten Organisation gelingt, unternehmerisch zu handeln, braucht es also keineswegs allein ökonomisches Knowhow. Ein Unternehmen im Schumpeterschen Sinne zu führen meint, Mut zu grundsätzlich Neuem zu haben und auch radikale Veränderungen zuzulassen.

Kreative Ideen sind somit kein Luxus für gute Zeiten, Kreativität ist auch nicht nur ein »on-the-top«-Thema, also keine bunte Garnierung für die Anreizpolitik eines Unternehmens. In Zeiten wachsender Komplexität und anspruchsvoller Marktanforderungen ist sie unersetzlich. Um hier innovative Ideen zu entwickeln und kreatives Potenzial gezielt abrufen zu können, ist strategisches Wissen mit kreativem Denken zu kombinieren. Und genau darum geht es in diesem Buch.

Es stellt eine spannende Entdeckungsreise dar, in der Kreativ-Kompetenz für den beruflichen Alltag definiert und mit ihrem ökonomischen Nutzen auf nachvollziehbare Weise erlebbar gemacht wird.

Rendezvous mit einer Romanfigur
Das Profil von Pippi Langstrumpf

Wieso ausgerechnet ein Rendezvous mit Pippi Langstrumpf? Warum treffen hier berufstätige Leserinnen und Leser aus der Erwachsenenwelt auf eine Romanfigur aus der Kinderbuchwelt? Und was soll diese Romanfigur in der Welt des Management?

Sicherlich haben Sie sich diese Frage beim Lesen des Buchtitels auch gestellt. Und schon hatten Sie – als Erwachsener – Ihre erste Wiederbegegnung mit dieser Romanfigur. Möglicherweise hat der Titel »Der Pippi Langstrumpf-Faktor« Erinnerungen in Ihnen geweckt – Kindheitserinnerungen? Und wahrscheinlich haben diese früheren Leseerfahrungen ein bestimmtes Charakterprofil von Pippi Langstrumpf in Ihnen wachgerufen? Der erste Eindruck und Ihre persönlichen Erwartungen, worum es in diesem Buch wohl gehen wird, sind durch diese Erinnerungen bereits geprägt.

Und nun treffen Sie in diesem Kapitel auf Pippi Langstrumpf, und von der Begegnung mit ihr erwarten Sie, etwas über Kreativität und Kreativ-Kompetenz zu erfahren. Und Sie sind neugierig auf die Verbindung zweier scheinbar nur schwer zu verbindender Welten. Höchste Zeit also, sich gegenseitig bekannt zu machen.

Für jedes erste Rendezvous gilt, dass die verabredeten Personen bestimmte Vorstellungen und Erwartungen voneinander haben. Und der erste Eindruck vollzieht sich nonverbal, noch bevor sich ein Dialog entwickelt. Dabei ist dieser erste Eindruck oft prägend, wenngleich auf diese Weise schon so manches Vorurteil, also im wahrsten Sinne des Wortes ein vorschnelles Urteil zustande kommt.

Wichtig ist, die Bereitschaft zur Überprüfung, zur genauen und scharfsinnigen Wahrnehmung und somit zur möglichen Korrektur erster Eindrücke aufzubringen. Nichts ist immer und ausschließlich so, wie es auf den ersten Blick scheint. Es gibt keine absolute, objektive, für alle in gleichem Maße gültige Wahrheit, da Wahrheit und Wahrnehmung immer vom Individuum und seiner Sicht der Welt abhängen.

Um neue Denkimpulse zu erhalten ist es sinnvoll, sich nicht in bereits bekannten, eingefahrenen Denkkreisen zu bewegen, sondern sich auf eine Denkreise zu begeben.

Um neue Impulse zu Kreativ-Kompetenz zu erschließen, unternehmen wir eine Reise in die Welt einer Romanfigur, die zwar einerseits weltbekannt ist, deren Potenzial aber noch längst nicht ausreichend gewürdigt wurde. Über die Interpretation der allen bestens bekannten, ja vertrauten Welt von Pippi Langstrumpf wollen wir für die Welt des Management neue Impulse erhalten.

Es ist ein Kreatives Abenteuer, die Figur der Pippi Langstrumpf ganz neu zu entdecken und in neue Zusammenhänge zu stellen. Gleichzeitig wird auch der Begriff der Kreativität neu beleuchtet.

Folgen Sie uns nun bei einem abenteuerlichen Vergleich:

Die Figur Pippi Langstrumpf	Das herkömmliche Kreativitätsverständnis
Ein erster Blick: Pippi Langstrumpf wirkt wie ein nettes, harmloses kleines Mädchen, bunt gekleidet, allerdings auch ungewöhnlich und exotisch.	**Ein erster Blick:** Kreativität wirkt wie eine nette, harmlose »soft skill«, eine bunte Garnierung des grauen Arbeitsalltags, allerdings auch ungewöhnlich und exotisch.
Eine nähere Betrachtung: Es zeigt sich, dass Pippi Langstrumpf unheimlich stark ist, dass sie Pferde hochheben kann und rauflustige Jungs auf Bäume sowie Einbrecher auf den Schrank werfen kann.	**Eine nähere Betrachtung:** Es zeigt sich, dass Kreativität unheimlich stark ist, dass sie sehr viel bewirken kann, dass sie Berge versetzen kann.
Eine mögliche Reaktion: Angst vor Pippi Langstrumpf. Mit ihrer enormen Kraft könnte sie alles durcheinander bringen, alles auf den Kopf stellen. Sie hat scheinbar die Tendenz, die bestehende Ordnung im Alltag zu zerstören. Und davor sollte man sich hüten.	**Eine mögliche Reaktion:** Angst vor Kreativität. Mit ihrer enormen Kraft könnte sie alles durcheinander bringen, alles auf den Kopf stellen. Sie hat scheinbar die Tendenz, die bestehende Ordnung in Organisationen zu zerstören. Und davor sollte man sich hüten.
Eine andere mögliche Reaktion: Interesse daran, wie Pippi Langstrumpf Eingefahrenes in Bewegung setzt, wie sie Veränderungen ermöglicht, und Neugier darauf, was als Nächstes passiert. Dann wird daraus ein Kreatives Abenteuer.	**Eine andere mögliche Reaktion:** Interesse daran, wie Kreativität Eingefahrenes in Bewegung setzt, wie sie Veränderungen ermöglicht, und Neugier darauf, was als Nächstes passiert. Dann wird daraus ein Kreatives Abenteuer.

Wir haben uns für die zweite der beiden möglichen Reaktionen entschieden und begeben uns nun mit Ihnen gemeinsam in das Kreative Abenteuer, Pippi Langstrumpf neu wahrzunehmen.

Die Definitionen von »Abenteuer« reichen von »nicht alltägliches Ereignis« über »außergewöhnlich erregendes Erlebnis«, »Entdeckung«, »Unternehmen mit ungewissem Ausgang«, »gefährliches Wagnis« bis hin zu »gewagte, gefahrvolle Investition«.

Von der Sprachwurzel her meint »Abenteuer« lediglich »das sich Ereignende«. Und in dieser alltäglichen Bedeutung kann und soll es für unseren Zusammenhang inspirierend genug sein. Denn es ist uns ein Bedürfnis, Abenteuer aus der exotischen Welt der lebensgefährlichen Wagnisse wieder zurück in den Alltag zu führen.

Auch die Begriffe »Abenteuerlust« »Abenteuerdurst« und »abenteuerlich« sollten nicht mit riskant, tollkühn und lebensgefährlich assoziiert werden, sondern mit erlebnisreich, faszinierend und grenzerweiternd. Denn wenn Abenteuer mit Fantasie kombiniert wird, ergibt sich als Kreatives Abenteuer ein aufschlussreiches Erfahrungsfeld.

Ein Kreatives Abenteuer kann das einfallsreiche experimentelle Probehandeln mit ungewissem Ausgang sein. Experimentell zu handeln beinhaltet auch die Bereitschaft, Fehler zu machen und damit umzugehen. Denn wer relativ wenig Fehler macht, geht wahrscheinlich auch wenig Risiken ein.

Kreative Abenteuer sind die versuchsweise und spielerische Auseinandersetzung mit Möglichem und Unmöglichem im Alltag. Ihr Ziel ist, scheinbar feststehende Grenzen infrage zu stellen und so den kreativen Handlungsspielraum zu erweitern. Daraus folgt die

Verbindung von Bewegung und Erkenntnis. Und genau daraus entwickelt sich Veränderung.

Astrid Lindgrens Bücher über Pippi Langstrumpf, die weltweit verbreitet sind und von Millionen gelesen werden, sind unserer Meinung nach der faszinierendste Stoff, aus dem Kreative Abenteuer gemacht werden. Bei unserer Interpretation beziehen wir uns ausschließlich auf die Originalfigur Pippi Langstrumpf, ihr von Astrid Lindgren entworfenes Profil, das wir in Bezug auf kreativitätsfördernde Eigenschaften und Fähigkeiten analysiert haben. Dazu haben wir zunächst die aus unserer Sicht prägnantesten Eigenschaften und Fähigkeiten von Pippi Langstrumpf herausgearbeitet, die zeigen, dass sie harmonisch sowohl weibliche als auch männliche Stärken in ihrer Person vereint. Dadurch wird sie zu einer Identifikationsfigur, die keinem vorgegebenen Geschlechterverhalten entspricht. Insgesamt verstehen wir Pippi Langstrumpf als Inspiration für kreative Menschen, für Frauen und Männer im Management-Alltag.

Welches sind nun die herausragenden Eigenschaften dieser Romanfigur, und über welche Kreativ-Kompetenz verfügt sie? Oder anders gefragt: Was macht den Pippi Langstrumpf-Faktor aus?

Dazu stellen wir Ihnen nun Pippi Langstrumpf vor, und zwar unter dem Aspekt der Würdigung ihrer Kreativ-Kompetenz. Dies gelingt am besten, indem sie – in Form von Originalaussagen aus dem Werk von Astrid Lindgren – selbst zu Wort kommen darf. Sie wissen ja, der erste Eindruck sollte stets überprüft werden.

Begleiten Sie uns in eine Welt, in der spielerisches Vorgehen als Form der Erkenntnis kultiviert ist. In dieser Welt sind Abenteuer noch etwas Alltägliches. Es ist die Welt der Pippi Langstrumpf, erschaffen von Astrid Lindgren.

Rendezvous mit Pippi Langstrumpf:
Pippi Langstrumpf ist aus der Erwachsenenperspektive eine Botschafterin aus dem Land der Kindheit. Sie ruft für alle, denen sie vor Jahren im Buch begegnet ist, fröhliche und ausgelassene Erinnerungen wach.

Doch gleichzeitig steht Pippi Langstrumpf auch »Patin« für den kreativen Menschen von heute. Denn Pippi Langstrumpf macht die ursprüngliche Kreativität wieder erlebbar. Kaum eine andere Romanfigur verkörpert in sich eine Geisteshaltung mit so facettenreicher Kreativ-Kompetenz.

Als positive Identifikationsfigur sowohl für Mädchen als auch für Jungen hat sie Grenzen erweitert, festgefahrene Normen spielerisch außer Kraft gesetzt und stets das Unmögliche möglich gemacht.

Sie verfügt über ausgeprägte Kreativ-Kompetenz in sechsfacher Hinsicht:

Kreativ-Kompetenz Neugier
Pippi Langstrumpf ist neugierig, und das bedeutet gierig auf alles Neue im Sinne von Wissbegierde und Wissensdurst. Sie besitzt ein breit angelegtes Interesse an ihrer gesamten Umwelt. Lernen bedeutet für sie, lustvoll und spielerisch die Welt zu erfahren. Ausprobieren und Experimentieren geht ihr über alles.
Zum Beispiel als Annika und Thomas Pippi besuchen und sie gemeinsam überlegen, was sie spielen wollen:

◎ »*Was wollen wir jetzt machen?*«, *fragte Thomas.*
»*Was ihr machen wollt, weiß ich nicht*«, *sagte Pippi.* »*Ich werde jedenfalls nicht auf der faulen Haut liegen. Ich bin nämlich ein Sachensucher, und da hat man niemals eine freie Stunde.*«
»*Was hast du gesagt, was du bist?*«, *fragte Annika.*

»*Ein Sachensucher.*«
»*Was ist das?*«, *fragte Thomas.*
»*Jemand, der Sachen findet, wisst ihr. Was soll es anderes sein?*«, *sagte Pippi …*
»*Die ganze Welt ist voller Sachen und es ist wirklich nötig, dass jemand sie findet. Und das gerade, das tun die Sachensucher.*«

Eine gehörige – manchmal auch ungehörige – Portion Neugier begleitet sie bei der Entdeckung ihrer Welt. Bei dieser Entdeckungsreise durch alltägliche Situationen zeichnet sie sich durch Aufgeschlossenheit, Offenheit und Entdeckungslust aus. Dabei äußert sie sich auch im Sinne von Kreativer Unzufriedenheit, dem klugen Hinterfragen von Zusammenhängen. Sie ruht sich nie auf ihren Erfolgen aus, sie erlebt sozusagen einen ständigen Verbesserungsprozess. Sie stellt neugierig alles infrage und kommt dadurch zu vorurteilslosem Handeln mit der Chance auf Optimierung.

Dies zeigt sich auch bei einem Einkaufsbummel mit Annika und Thomas, als Pippi sich neugierig zeigt Klavier zu spielen:

»*Tja, dann wollen wir mal anfangen*«, *sagte Pippi.* »*Vor allen Dingen möchte ich mir ein Klavier kaufen.*«
»*Ja, aber Pippi*«, *sagte Thomas.* »*Du kannst doch gar nicht Klavier spielen!*«
»*Wie soll ich das wissen, wenn ich es noch nie versucht hab?*«, *fragte Pippi.*

Kreativ-Kompetenz Perspektivwechselfähigkeit

Pippi Langstrumpf besitzt die Fähigkeit, unterschiedliche Perspektiven einzunehmen: zunächst im räumlichen Sinn und darüber hinaus im übertragenen Sinne auch als geistiger Perspektivwechsel.

Den räumlichen Perspektivwechsel erleben wir, als Annika und Thomas das erste Mal Pippi Langstrumpf begegnen:

◎ *Pippi ging die Straße entlang. Sie ging mit dem einen Bein auf dem Bürgersteig und mit dem anderen im Rinnstein. Thomas und Annika schauten ihr nach, solange sie sie sehen konnten. Nach einer Weile kam sie zurück. Aber jetzt ging sie rückwärts. Das tat sie, damit sie sich nicht umzudrehen brauchte, wenn sie nach Hause ging.*

Bei der geistigen Perspektivwechselfähigkeit geht es um das Umschalten von Nähe zu Distanzbetrachtung und von Teilbetrachtung zum Ganzen. Dabei wechselt man zwischen dem divergenten, also dem frei fließenden Denkstil und dem konvergenten, also dem bündelnden Denkstil.

Pippi Langstrumpf ist eine Meisterin im geistigen Perspektivwechsel, sie setzt gezielt den divergenten Denkstil ein, der frei fließende, witzige, inspirierende Geschichten entstehen lässt.

Wie bei ihrem ersten Schulbesuch:

◎ *Die Lehrerin nahm das nächste Bild, auf dem eine Schlange war, und sagte zu Pippi, dass der nächste Buchstabe S hieße.*

»Da wir gerade von Schlangen reden«, sagte Pippi, »ich werde niemals vergessen, wie ich mit der Riesenschlange in Indien gekämpft hab. Da war so eine grässliche Schlange, das könnt ihr euch nicht vorstellen, vierzehn Meter war sie und wütend wie eine Biene, und jeden Tag fraß sie fünf Inder und zwei kleine Kinder zum Nachtisch, und einmal wollte sie mich zum Nachtisch haben, und sie wand sich um mich herum – kratsch –, aber ›Man ist schließlich Seefahrer gewesen‹, sagte ich und gab ihr eins auf den Kopf – bum – und da zischte sie – uiuiuiutsch – und da schlug ich noch einmal zu – bum – und hapuh –, dann starb sie – ja, ach so, das ist also der Buchstabe S – höchst merkwürdig!«

Genauso kann sie, wenn die Situation es erfordert, blitzschnell umschalten in den konvergenten, den bündelnden Denkstil, mit dem sie Gedanken auf den Punkt bringt.

Zum Beispiel in der Episode, als ein Tiger aus dem Käfig ausgebrochen ist. Ratlose Menschen überlegen, was zu tun sei:

»Was sollen wir bloß anfangen?«, sagten die Leute und rangen die Hände.
»Holt die Polizei«, schlug einer vor.
»Alarmiert die Feuerwehr«, sagte ein anderer.
»Holt Pippi Langstrumpf«, sagte Pippi und trat vor.

Kreativ-Kompetenz Einfallsreichtum

Pippi Langstrumpf verfügt über eine blühende Fantasie im Sinne von sprühender Energie, lebendiger Vorstellungskraft und begeisternder Visionsfähigkeit. Dies zeigt sich besonders in ihrer sprachlichen Gewandtheit. Mit ihrer fantasievollen und fantastischen sprachlichen Ausdruckskraft schafft sie spielerisch neue Sinnzusammenhänge.

Ihr sprachlicher Erfindungsgeist zeigt sich bei den ihr eigenen Wortschöpfungen:

»Was hast du gefunden?«, fragten Thomas und Annika. Sie wunderten sich nicht im Geringsten darüber, dass Pippi etwas gefunden hatte, denn sie fand immer etwas. Aber sie wollten wissen, was es war. »Was hast du eigentlich gefunden, Pippi?«
»Ein neues Wort«, sagte Pippi, und sie schaute Thomas und Annika glücklich an. »Ein funkelnagelneues Wort!«
»Was für ein Wort?«, fragte Thomas.
»Ein wunderschönes Wort«, sagte Pippi. »Eins der besten, die ich je gehört habe.«

»Dann sag es doch«, sagte Annika.
»Spunk!«, sagte Pippi triumphierend.

Darüber hinaus verfügt sie über ein inspirierendes Improvisationstalent, wie bei der Gelegenheit, als sie eine Garnrolle entdeckt, für die sie mühelos neue Verwendungsmöglichkeiten erfindet:

◎ *(...) ertönte ein neues Geheul von Pippi, die triumphierend eine leere Garnrolle hochhielt.*
»*Heute scheint mein Glückstag zu sein*«, *sagte sie.* »*So eine kleine süße Garnrolle, mit der man Seifenblasen machen kann oder die man an einer Schnur um den Hals tragen kann. Ich will nach Hause und das sofort ausprobieren.*«

Kreativ-Kompetenz Mut

Pippi Langstrumpfs Mut basiert auf Selbstvertrauen. Sie kennt ihre eigenen Stärken und Schwächen, verfügt also über eine realistische Selbstwahrnehmung. Realistisch meint dabei nicht überkritisch, sondern selbstbewusst im wörtlichen Sinne: sich seiner selbst bewusst sein. Damit kann sie sich selbst und andere er-mutigen, wobei ihr Mut nichts mit Draufgängertum zu tun hat. Von ihrer enormen Kraft macht sie nur Gebrauch, wenn sie selbst oder ein anderer tätlich angegriffen wird.

Dann zum Beispiel, als ein kleiner Junge von fünf großen Jungen bedroht wird:

◎ *Pippi ging zu dem Jungen hin und tippte Benno mit dem Zeigefinger auf den Rücken.*
»*Heda*«, *sagte sie.* »*Wollt ihr etwa Mus aus dem kleinen Willi machen, weil ihr alle fünf auf einmal auf ihn losgeht?*«... *Und nun hob sie ihn mit ihren starken Armen hoch in die Luft und trug ihn zu einer*

Birke, die da stand, und hängte ihn quer über einen Ast.... »Ihr seid feige. Ihr geht zu fünft auf einen einzigen Jungen los. Das ist feige. Und dann fangt ihr auch noch an, ein kleines wehrloses Mädchen zu puffen. Pfui, wie hässlich! Kommt jetzt, wir gehen nach Hause«, sagte sie zu Thomas und Annika. Und zu Willi sagte sie: »Wenn sie noch mal versuchen, dich zu hauen, dann sag es mir.«

Pippi Langstrumpf verfügt über Tatendrang und Entscheidungskraft. Die folgende Episode zeigt ihren Mut zu entschlossenem Handeln und zu unkonventionellen Lösungen.

Nachdem sie im Zoo mehrere Menschen vor einem entlaufenen Tiger gerettet hat, betrachtet sie ihr Kleid, das der Tiger zerrissen hat:

»Hat jemand eine Schere?«
Fräulein Paula hatte eine, und jetzt war sie auch nicht mehr böse auf Pippi.
»Hier hast du eine Schere, du mutiges kleines Mädchen«, sagte sie. Und Pippi schnitt das Kleid ein ganzes Stück oberhalb der Knie ab.
»So«, sagte sie zufrieden. »Jetzt bin ich noch feiner. Oben und unten ausgeschnitten, so was Feines gibt's so bald nicht wieder.«

Kreativ-Kompetenz Humor

Humor zeigt sich bei Pippi Langstrumpf in hohem Maße als überschäumende Lebensfreude. Glücklichsein, Spaß, Freude, positive Lebenseinstellung, Optimismus, das sind die Facetten des Humors, die sie in jeder Hinsicht verkörpert.

Sie kann ihrem Humor überschwänglich Ausdruck verleihen. Und sie kann selbst in schwierigen Situationen in heiterer Gelassenheit über sich und andere lachen.

Durch die so hergestellte Distanz lässt sich häufig Bestehendes fantasievoll infrage stellen bzw. als Konvention entlarven:

◎ »*Ein Doktor in Amerika hat herausgefunden, dass große Leute nur gekochten Schellfisch und gedünstete Mohrrüben essen sollten. Zum Geburtstag dürfen sie vielleicht noch ein bisschen Kabeljaupudding haben.*«
»*Ach wo*«, *sagte Frau Finkvist beleidigt.* »*Und was sagt dieser Doktor, sollen Kinder essen?*«
»*Bonbons zum Frühstück, Eis zum Mittag- und Sahnetorte zum Abendessen*«, *sagte Pippi und lief um die Ecke.*

Pippi Langstrumpf verblüfft oft durch ihre Art, spielerisch an Situationen heranzugehen und verfügt über die geniale Fähigkeit, zu vereinfachen und das Wesentliche zu erkennen.

Sie setzt ihren pointierten und verfremdenden Sprachwitz gezielt als Instrument der Überzeugungskunst ein, wie zum Beispiel in folgender Szene:

◎ *Sie nahm den Zuckerstreuer vom Tisch und ließ eine ganze Menge Zucker auf den Fußboden rieseln.*
»*Denkt daran: Das ist Streuzucker*«, *sagte sie.* »*Ich bin also in vollem Recht. Wozu hat man denn Streuzucker, wenn man ihn nicht streuen soll?*«

Kreativ-Kompetenz Motivationsfähigkeit
Pippi Langstrumpf verfügt über einen starken Eigenantrieb, der entscheidend mit der Wertschätzung ihrer eigenen Person zusammenhängt. Mit Wertschätzung begegnet sie auch anderen Personen. So beherrscht sie die Kunst der Motivation über die Vermittlung von Wertschätzung.

Ein treffendes Beispiel für die hohe Wertschätzung ihrer eigenen Person ist Pippi Langstrumpfs Reaktion auf ein Schild in einem Apotheken-Schaufenster, auf dem zu lesen ist: »Leiden Sie an Sommersprossen?« Sie geht spontan in die Apotheke hinein. Mitleidig diagnostiziert die Apothekerin bei ihr eine Überdosis Sommersprossen:

»Aber liebes Kind, du hast ja das ganze Gesicht voll Sommersprossen!«
»Klar«, sagte Pippi, »aber ich leide nicht an ihnen. Ich habe sie gern. Guten Morgen!«

Zudem findet Pippi Langstrumpf stets Wege, wie sie ihre Wertschätzung über kleine und große Gesten, Bewirtung und Geschenke ausdrücken kann:

»Liebe Kinder, ihr sollt ja auch eure Geburtstagsgeschenke haben«, sagte sie.
»Ja, aber – wir haben doch gar nicht Geburtstag«, sagten Thomas und Annika.
Pippi sah sie erstaunt an.
»Nein, aber ich hab Geburtstag, und da kann ich euch ja wohl auch Geschenke machen!«

Das Profil von Pippi Langstrumpf

Das Rendezvouz mit Pippi Langstrumpf zeigt deutlich die sechs verschiedenen Ausprägungen ihrer Kreativ-Kompetenz:

> Kreativ-Kompetenz:
> Neugier
> Perspektivwechselfähigkeit
> Einfallsreichtum
> Mut
> Humor
> Motivationsfähigkeit

Mit dieser Ausstattung an Kreativ-Kompetenz ist Pippi Langstrumpf in der Lage, mit allen Herausforderungen zurechtzukommen, sie meistert ungewöhnliche Situationen, sie vermittelt Spaß an Neuem und ist auch fähig, dieses Neue in die Tat umzusetzen.

In ihrer fantastischen Welt, ausgestattet mit grenzenloser Kraft, mit unendlichem Goldvorrat und vor allem mit unerschöpflicher Fantasie, ist sie »kalkulierbar schöpferisch«.

Diese einzigartige Kombination von Kreativ-Kompetenz macht den »Pippi Langstrumpf-Faktor« aus. Mit diesen Fähigkeiten sind Kreative Abenteuer ein alltägliches Spiel.

Und dies möchten wir Sie in einem fantastischen Szenario erleben lassen.

Der Sprung ins Kreative Abenteuer
Was wäre, wenn…

Erinnern Sie sich noch an das Ende des dritten Pippi Langstrumpf-Bandes? Pippi Langstrumpf, Annika und Thomas sitzen in der Küche der Villa Kunterbunt und sinnieren über die Zukunft:

Plötzlich flog ein düsterer Schatten über Thomas' Gesicht.
»Ich will niemals groß werden«, sagte er entschieden.
»Ich auch nicht«, sagte Annika.
»Nein, darum muss man sich wirklich nicht reißen«, sagte Pippi.
»Große Menschen haben niemals etwas Lustiges. Sie haben nur einen Haufen langweilige Arbeit und komische Kleider und Hühneraugen und Kumminalsteuer.«
»Kommunalsteuern heißt das«, sagte Annika.
»Ja, es bleibt jedenfalls der gleiche Unsinn«, sagte Pippi. »Und dann sind sie voll Aberglauben und Verrücktheiten. Sie glauben, es passiert ein großes Unglück, wenn sie beim Essen das Messer in den Mund stecken, und all so dummes Zeug.«
»Und spielen können sie auch nicht«, sagte Annika. »Uch, dass man unbedingt groß werden muss!«

Das klingt für die drei wirklich nicht sehr verlockend, und sie beschließen, niemals erwachsen zu werden. Um dies zu erreichen, nehmen sie die »Krummeluspillen« ein und sagen einen magischen Spruch. Die Zauberkapseln, die wie Erbsen aussehen, sollen ihnen dazu verhelfen, immer ein Kind zu bleiben, sich die kindliche Neugier und den Spaß am Spielen zu bewahren.

◎ *Sie standen stumm da und schauten in den Winterabend hinaus. Die Sterne leuchteten über dem Dach der Villa Kunterbunt. Dort war Pippi. Sie würde immer da sein. Es war wunderbar, daran zu denken. Die Jahre würden vergehen, aber Pippi und Thomas und Annika würden nicht groß werden. Natürlich nur, wenn die Kraft aus den Krummeluspillen nicht herausgegangen war! Es würde wieder Frühling werden und neue Sommer, Herbst und Winter würden kommen, aber sie würden niemals aufhören zu spielen.*

Versteht man dieses sich Erhalten der »kindlichen Welt« im übertragenen Sinn, dann geht es weniger darum, einen Zustand zu konservieren, sondern um die Investition, sich die ursprüngliche Kreativität des Kindes auch als Erwachsener noch zu bewahren. Denn Kraft und Inspiration aus dem Kind in sich selbst zu ziehen, ist eine wesentliche Voraussetzung kreativer Menschen.

Möglicherweise kann Pippi Langstrumpf ihre facettenreiche Kreativ-Kompetenz in die Erwachsenenwelt hinüberretten?
   Was wäre, wenn sie ihre vielseitigen Fähigkeiten behalten hätte und heute als erwachsene Frau unter uns lebte?

Lassen Sie uns über dieses (scheinbar) fantastische Szenario in den folgenden Kapiteln kreativ spekulieren. Was wäre, wenn ...

Den Pippi Langstrumpf-Faktor erleben

Eine Entdeckungsreise durch sieben Kreative Abenteuer

Das erste Kreative Abenteuer
Kreativ-Kompetenz Neugier

Am Rand der großen und hektischen Stadt liegt, weitab von den hohen Bürotürmen und tiefen Hochhausschluchten, eine kleine Villa aus dem 19. Jahrhundert. Umgeben ist das Haus von einem weitläufigen Garten, der schon bessere Zeiten gesehen haben muss. Trotz oder vielleicht auch gerade wegen dieses verwilderten Zustandes hat er seinen Charme behalten und wirkt geheimnisvoll. Der breite Weg zur Villa ist mit den Jahren schmaler geworden, überall kämpfen sich Wurzeln und Grasbüschel hindurch. Sieben breite Stufen führen zur Veranda hinauf. Zwei hohe Steinsäulen rahmen die Eingangstür ein, die immer nur leicht angelehnt ist. Jeder, der möchte, kann so jederzeit einfach hineingehen.

Durch diese bizarre Mischung aus dem Wohlstand vergangener Tage und der geheimnisvollen Verwilderung geht von der kleinen Villa eine ganz besondere Anziehungskraft aus. Sie bildet einen ungewöhnlichen und auch ungewöhnlich malerischen Kontrast zu der sich im Hintergrund abzeichnenden Skyline der großen Stadt.

Neben der Villa steht ein architektonisch kühnes, futuristisch anmutendes fünfstöckiges Gebäude, das von allen nur der »Würfel« genannt wird. Es ist der Sitz einer Anwaltskanzlei. Die Mieter dieses Gebäudes sind in permanenter Hektik, unentwegt eilen sie mit ihren Aktentaschen ein und aus. Oder aber sie unterhalten sich mit unsichtbaren Gesprächspartnern am Mobiltelefon, wild gestikulierend und meist lautstark. Nicht selten sind die Büros bis spät nachts noch hell erleuchtet. Der letzte Mitarbeiter verlässt das Haus nicht vor Mitternacht. Dann endlich ist es still auf dem gut bewachten Grundstück.

Ganz anders geht es auf dem Nachbargrundstück der kleinen Villa zu: Jeden Donnerstagabend scheint hier etwas Geheimnisvolles stattzufinden. Dann leuchten hell flimmernde Neonbuchstaben über der Eingangstür auf und lassen die Villa im bunten Lichtschein erstrahlen. Zu lesen ist:

CLUB K.U.N.T.E.R.B.U.N.T.

Und darunter steht jeden Donnerstag ein anderes Motto.

In kurzen Abständen erscheinen Personen, die dem Kiesweg zur Villa folgen und durch die Eingangstür ins Gebäudeinnere verschwinden. Es müssen wohl so an die zwölf Besucher sein, die sich hier in der Villa regelmäßig treffen, immer donnerstags gegen 20.00 Uhr.

Hat man die Eingangstür passiert, steht man mitten in einem Foyer und am Fuß einer Treppe, die in das nächste Stockwerk hinaufführt. Die Treppe ist mit einem einladenden roten Teppich ausgelegt, der geradezu auffordert, ihm zu folgen. Ein anderer Teppich in Blautönen führt auf eine offen stehende Flügeltür im Erdgeschoss zu, die den Blick in einen Salon mit einem riesigen funkelnden Kronleuchter freigibt, der in der Mitte des Raumes von der Decke herabhängt. Der Salon dient den Gästen des Clubs als gemütlicher Debattier- und Versammlungsraum. Das Mobiliar ist ein bunter Stilmix, die einzelnen Einrichtungsgegenstände haben den Charakter erlesener Fundstücke. Zwar passt unter streng ästhetischen Gesichtspunkten nichts wirklich zusammen, doch bilden alle Einzelstücke zusammen ein einzigartiges Ensemble. Der ganze Raum scheint eine Hommage an die Individualität zu sein, deshalb wird er auch allgemein der »Bunte Salon« genannt.

Die Gäste sitzen auf den unterschiedlichsten Sitzgelegenheiten, vom komfortablen Korbsessel über einen rot gepolsterten Samtsessel, einen Schaukelstuhl und eine Ledercouch bis hin zum Gartenstuhl. Alle finden hier ihren Platz. Und ab und zu kommt es auch vor, dass weitere Möbelstücke mitgebracht werden. Das neueste Fundstück ist ein Sitzkissen aus dem Orient.

Die Sitzgelegenheiten vermitteln unterschiedliche Perspektiven und oft wechseln die Gäste die Plätze, um sich bewusst auch räumlich in eine andere Perspektive zu versetzen, andere Blickwinkel und Standpunkte einzunehmen und so alles von einer anderen Position aus wahrzunehmen.

Zwei kleine Clubtische in warmem Holzton dienen als Abstellfläche für Getränke und Häppchen, die auf Tabletts herumgereicht werden. Ein monumentaler Sekretär steht halb schräg vor der Verandatür. Auf der Schreibfläche stapeln sich Bücher, die keinen Platz mehr in den vollen Bücherregalen gefunden haben.

Im Sommer finden die Clubabende nicht selten auf der Veranda und im Garten statt. An Herbst- und Winterabenden setzen sich alle Gäste im Halbkreis um den Kamin und genießen die besondere Atmosphäre von knisterndem Feuer und sprühenden Funken. Meist wird auf elektrisches Licht verzichtet, stattdessen werden die zahlreichen Kerzen in den antiken Kerzenständern angezündet, die eine wohltuende Stimmung verbreiten. Neon- und anderes Kunstlicht gibt es in der großen Stadt bereits genug.

Hier scheint die Zeit noch stillzustehen, die Hektik der Großstadt ausgesperrt zu sein. Interessierte sind immer willkommen und zu einem lockeren Gedankenaustausch eingeladen.

Jeden Donnerstagabend gibt es eine andere Verpflegung, die von der dynamischen Gastgeberin, der Clubmanagerin, vorbereitet wird.

In dieser Gesellschaft ist es üblich, dass konkrete Fälle aus dem beruflichen Alltag berichtet werden und alle gemeinsam nach Anregungen und Lösungsansätzen suchen. Niemand zahlt hier Eintritt, alle sind freiwillig dabei und schätzen die regelmäßigen Zusammenkünfte sehr. Kontinuität ist für alle selbstverständlich und alle sind immer wieder gespannt darauf, welch kniffliger Fall zu bearbeiten ist.

Im Club K.U.N.T.E.R.B.U.N.T. gibt es ein ungeschriebenes Gesetz: Wer am dringendsten nach einer Lösung für sein Problem sucht, darf seinen Fall schildern. Alle anderen nehmen sich dieser Aufgabe mit Interesse und Engagement an. Es gilt: Erst wenn das dringendste Problem diskutiert ist, wenn Luft und Empörung abgelassen sind, dann kann konstruktiv nach Lösungen gesucht werden. Immer entscheidet die betroffene Person, welche Aspekte und Anteile aus den Anregungen der anderen Clubmitglieder für sie sinnvoll und umsetzbar sind.

Es geht nicht darum, gut gemeinte Ratschläge zu erteilen, immerhin können Ratschläge schließlich auch Schläge sein. Niemand drängt dem anderen eine seiner Meinung nach geniale Lösung auf, die womöglich zur Person oder eigentlichen Ursache des Problems nicht passt. Es geht nicht um Patentlösungen, es geht aber auch nicht um hoch komplizierte und vorbereitungsintensive Vorschläge zur Veränderung, die eher blockierend als animierend wirken.

Gesucht und entwickelt werden praxistaugliche, schnell umzusetzende Ansätze, die erste Schritte auf einem Lösungsweg sind und eine Realisierung oder Veränderung sinnvoll begleiten. Vor allem ist darauf zu achten, dass diese leicht und stimmig in den Alltag zu übertragen sind.

Im Moment sitzen die an diesem Donnerstag bereits eingetroffenen Gäste im Salon und plaudern über Ereignisse und Begebenheiten der letzten Woche, sie versuchen die Geschehnisse des Alltags abzustreifen und auch mental wirklich anzukommen. Es ist 19.30 Uhr und die Leuchtschrift der geheimnisvollen Villa beginnt bunt aufzuflackern.

Auf dem Nachbargrundstück, im »Würfel«, sitzt Alexander R. um diese Uhrzeit immer noch in seiner Kanzlei. Er kann sich an seinem Schreibtisch kaum mehr auf die vor ihm liegende Akte konzentrieren. Unerhört, diese Ablenkung durch das bunte Geflimmer! Er lässt die Jalousie herunter, doch die Neonschrift blinkt hindurch. Seine Gedanken schweifen immer weiter ab von der Anklageschrift und wandern zu der Villa auf dem Nachbargrundstück. Jetzt reicht es! Heute wird er das Geheimnis um diesen merkwürdigen Club K.U.N.T.E.R.B.U.N.T. ergründen.

Viel früher als sonst schnappt er sich seinen Trenchcoat und stürmt zum Tor hinaus. Noch wütend darüber, dass er sein Tagesziel nicht erreicht hat, atmet er tief durch. Die Abendluft nach einem sonnigen und klaren Herbsttag tut gut! Warum kommt er nur immer so entsetzlich spät aus seinem Büro?

Schon etwas ruhiger nimmt er die sieben Stufen zur Eingangstür des Club K.U.N.T.E.R.B.U.N.T. Das Display mit der Neonschrift empfängt ihn mit:

Kalkulierbar **U**ngeheuer **N**amhaft
Thematisch **E**nergiereich **R**ealistisch
Bezaubernd **U**nerklärlich **N**eu **T**ollkühn . . . .

Die Eingangstür ist nur angelehnt, Alexander R. drückt sie auf, folgt dem roten Teppich und geht sofort in das erste Stockwerk.

Kreativ-Kompetenz Neugier

Schließlich ist ein roter Teppich doch immer ein Wegweiser, die anwesenden Personen müssten sich demnach hier oben befinden. Oder etwa doch nicht? Leicht verunsichert schaut er vom Treppengeländer nach unten. Da trifft ihn der Blick einer originell gekleideten Frau mittleren Alters, offenbar die Gastgeberin, denn sie nickt ihm freundlich auffordernd zu und bedeutet ihm, ihr in den Salon zu folgen.

Lektion eins hat er für heute Abend schon gelernt: Es ist nicht immer alles so selbstverständlich wie es auf den ersten Blick scheint.

Neugierig geworden auf den weiteren Verlauf des Abends, sieht er sich im Salon nach einem freien Platz um. Alle Sitzgelegenheiten sind schon besetzt, bis auf das orientalische Sitzkissen, auf das er sich notgedrungen niederlässt. Gar nicht so unangenehm wie er befürchtet hatte, eigentlich sogar recht gemütlich. Der Wein schmeckt auch und die herumgereichten Häppchen sind sehr appetitlich.

Die Clubmanagerin begrüßt alle Anwesenden und schaut dann direkt zu Alexander R.: »Wie schön, dass wir heute Abend einen neuen Gast in unserem Kreis begrüßen dürfen. Sicherlich sind alle anderen hier ebenso neugierig wie ich zu erfahren, was Sie zu uns geführt hat.«

Alexander R. lächelt etwas verlegen in die Runde. Nachdem er den wahren Grund, seine Verärgerung über die bunte Ablenkung von seiner Arbeit, verraten hat, entspannt er sich zunehmend und erzählt mehr und mehr über sich und seinen Arbeitsalltag.

Fast wird es ein Selbstgespräch, er scheint die anderen Clubgäste immer mehr zu vergessen und berichtet seinen Fall, mehr sich selbst als den Zuhörern: »Immer wieder dasselbe! Die ewig gleiche Beweisführung, mir kommt es vor, als hätte ich sie schon hundertmal gedacht. Immer wieder Anklageschriften, immer wieder Briefe mit den fertigen Textbausteinen, die im Grunde auch meine Sekretärin einsetzen könnte. Und immer wieder das Aktenumwälzen

– vom Schreibtisch ins Regal und umgekehrt. Dazwischen dann jeden Tag den Terminkalender, der immer auf dem letzten Stand sein soll, nachkorrigieren. Und zwischendurch zum Gericht, aber immer in Eile.

Eigentlich habe ich mir den Beruf spannender vorgestellt. Schon sechs Jahre Anwalt in dieser Kanzlei. Seit zwei Jahren sogar Partner. Ja, die Kollegen sind umgänglich, die Kolleginnen auch, es herrscht eine partnerschaftliche Atmosphäre und zu den zahlreichen Erfolgen der Kanzlei habe ich selbst recht viel beigetragen. Eigentlich müsste ich stolz auf mich sein, aber …

Eine 60-Stundenwoche ist für mich inzwischen zur Selbstverständlichkeit geworden, das Single-Dasein macht auch nicht mehr so viel Spaß wie früher und außerdem bin ich abends, wenn ich das Büro endlich verlasse, nur noch kaputt.

Aber im Großen und Ganzen ist doch alles gut so wie es ist. Wenn mich nicht immer öfter Zweifel beschleichen würden. Wenn ich mich nicht in immer kürzeren Abständen dabei ertappen würde, wie ich mich nach mehr Balance zwischen Arbeit und Freizeit sehne. Wenn da nicht immer häufiger der Wunschtraum meiner Jugend auftauchen würde: Bevor ich mich aus Vernunftgründen für das Jura-Studium entschieden hatte, wollte ich so gerne meine kreative Ader ausleben und Landschaftsarchitekt werden.

Und wo bin ich jetzt angekommen? Ausgepowert und lustlos funktioniere ich fast wie ein Roboter, rein ins Büro, raus aus dem Büro, rein in den Gerichtssaal, raus aus dem Gerichtssaal, festgefahren in meinen eigenen Zwängen, Denk- und Verhaltensmustern!

Endlich mal wieder etwas Neues erleben, etwas Neues entdecken, etwas Neues erproben, das wär's!«

Nach dieser leidenschaftlichen, aber auch verzweifelten Fallschilderung, die starke Ähnlichkeit mit einem Plädoyer vor Gericht hat, schlägt die Clubmanagerin vor: »Lassen Sie uns gemeinsam einen

Spaziergang durch die ›Galerie der Selbstverständlichkeiten‹ machen. Denn ich habe den Eindruck, dass sich bei Ihnen einiges angesammelt hat.

Alle Menschen leben nach Grundannahmen über die Umwelt, über andere Menschen. Teilweise sind es Konventionen, teilweise individuelle Verhaltens- und Wahrnehmungsmuster. Das ist die Galerie der Selbstverständlichkeiten, in der all diese nicht hinterfragten, selbstverständlichen Grundannahmen Gestalt annehmen.

Den größten Teil dieser Galerie machen persönliche Erfahrungen und das im Laufe der Jahre angeeignete Wissen aus, ein Teil besteht aber auch aus Vorurteilen und nicht hinterfragten Sachverhalten.

Prinzipiell ist es sicherlich in einer so dynamischen und komplexen Welt wie der heutigen von Vorteil, wenn man auf feste Verhaltensmuster zurückgreifen kann. Andererseits verhindern diese Glaubenssätze manchmal sehr wirkungsvoll, dass wir auf neue Ideen kommen.

Ein erster Weg zu neuen Ideen, neuen Quellen der Inspiration ist die ›Kreative Unzufriedenheit‹ mit dem Status quo. Kreative Unzufriedenheit heißt nicht, unproduktiv herumzunörgeln und prinzipiell alles schlecht zu finden.

Der Blick auf die Galerie der Selbstverständlichkeiten hilft dabei, sich bewusst zu machen, welche Grundannahmen sich als selbstverständlich manifestiert haben. Er hilft, den unbewussten Gewohnheiten auf den Grund zu gehen und alles aufzudecken, was nur aus Gewohnheit gemacht wird. Es geht also nicht um die Suche nach notorischer Unzufriedenheit, sondern darum, Optimierungspotenzial systematisch aufzudecken.

Denn neugierig sein heißt eben auch, gierig auf Neues zu sein, etwas zu entdecken, daraus zu lernen und Spaß daran zu haben. Dafür gibt es im Gehirn ein Belohnungssystem: Bei lustvollem Lernen wird Dopamin ausgeschüttet – die Durchblutung wird angeregt und man bekommt gute Laune.«

Alexander R.s Neugier ist geweckt: »Welche Erkenntnisse lassen sich denn aus dieser Galerie der Selbstverständlichkeiten gewinnen?«

»Um zu überprüfen, ob es sich lohnt, eine neue Überzeugung anzunehmen, sollten wir unsere Verhaltensweisen und Erlebnisse auf den Prüfstand stellen. Dies betrifft alle Lebensbereiche, keinesfalls nur das Berufsleben«, erklärt die Clubmanagerin weiter.

»Die nachfolgende Schlüsselfrage hilft Ihnen dabei, diese Galerie der Selbstverständlichkeiten aufzuspüren. Das heißt, alles und jedes infrage zu stellen, ganz wie ein scharfsinniger Detektiv. Um eine Galerie der Selbstverständlichkeiten in Ihrem Leben zu entdecken, fragen Sie sich: Was setzen Sie einfach voraus, ohne es noch weiter zu überprüfen?«

Nach kurzem Überlegen beginnen die Clubgäste aus ihrem Alltag zu berichten:

»Immer die gleichen Frühstücksflocken, obwohl ich sie ja eigentlich nicht besonders mag, aber es geht so schnell…«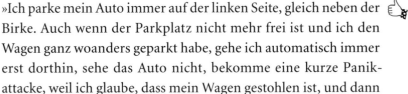

»Es hat sich so eingebürgert, dass ich zuständig bin für die Vorbereitung des Jahrestreffens und für die Eröffnungsrede. Und das wird auch nicht mehr hinterfragt. ›Machen Sie mal, Sie machen das doch immer so schön‹, heißt es dann jedes Jahr wieder.«

»Ich parke mein Auto immer auf der linken Seite, gleich neben der Birke. Auch wenn der Parkplatz nicht mehr frei ist und ich den Wagen ganz woanders geparkt habe, gehe ich automatisch immer erst dorthin, sehe das Auto nicht, bekomme eine kurze Panikattacke, weil ich glaube, dass mein Wagen gestohlen ist, und dann allmählich dämmert es mir.«

Kreativ-Kompetenz Neugier   **41**

»Ich wundere mich über meinen Kollegen, der geht immer Punkt 12.00 Uhr essen – egal ob er Hunger hat oder nicht. Manchmal jammert er dann über seinen Mangel an Appetit.«

»Mich ärgern die Menschen, die standardmäßig antworten: ›Schicken Sie mir doch eine E-Mail‹, egal worum es geht, egal wie nichtig der Anlass ist und wie schnell er entschieden werden kann. Oft ist der Aufwand, eine E-Mail zu formulieren, viel zu groß, am Telefon könnte ich die Sache in sechzig Sekunden klären.«

»Oder die Leute, die nur murmeln: ›Ich erreiche Sie dann ja per Handy‹. Genau das klappt dann nicht im größten Zeitstress, weil das Handy im Funkloch ist, oder weil es abgeschaltet ist, oder weil irgendetwas Unvorhergesehenes geschieht.«

»Neulich bin ich zu einem Kunden gefahren, mit dem ich schon einen ganzen Stapel Korrespondenz geführt hatte. Genau diese Korrespondenz habe ich mitgenommen, um alles noch mal nachlesen zu können und auch um die Adresse dabei zu haben. Dann war ich endlich angekommen in München, schaue in die Unterlagen hinein, um die Adresse zu erfahren – und entdecke, dass der Kunde ansässig ist im Postfach 10 00 11.«

Christina C. hat einen Einwand: »Aber Gewohnheiten haben doch auch ihr Gutes. Zum Beispiel genieße ich es, mir jeden Morgen, so gegen 10 Uhr, einen grünen Tee aufzubrühen und ihn dann ganz in Ruhe zu trinken.«

»Wie stark diese Gewohnheiten wirken, habe ich neulich erlebt«, erzählt Maximilian Z. »Die Tageszeitung, die ich jetzt schon seit fünfzehn Jahren lese, hat ein völlig neues Layout bekommen. Das hat mich so irritiert, dass ich zunächst keine meiner Lieblingsrubriken wieder finden konnte. Es dauerte ein paar Tage, bis ich mich wieder zurechtgefunden habe. Inzwischen finde ich die Umstellung gar nicht schlecht.«

»Danke für diese gut beobachteten scheinbaren Selbstverständlichkeiten. Und danke auch für Ihre Ehrlichkeit, die kleinen banalen Tücken des Alltags zu offenbaren«, sagt die Clubmanagerin.

Paul W. fasst zusammen: »Das fand ich sehr aufschlussreich. Das Fazit aus Ihrer jeweiligen Galerie der Selbstverständlichkeiten ist, dass wir unser gewohnheitsmäßiges Verhalten immer wieder überprüfen sollten. Dabei hilft es, sich die Galerie der Selbstverständlichkeiten ins Bewusstsein zu rufen. Und so können wir dann klären, ob das bisherige Verhalten gut ist, oder ob es eher hinderlich ist und uns dann wie ein Bumerang trifft. Auf jeden Fall habe ich den Eindruck, dass es sich bei der Galerie der Selbstverständlichkeiten lohnt, genau hinzuschauen.«

Christina C. runzelt die Stirn: »Aber woran erkenne ich denn nun eine Galerie der Selbstverständlichkeiten?«

»Was üblicherweise hilft, ist eine Diagnoseliste«, antwortet Maximilian Z.

Paul W. greift sich eine Rolle Packpapier, legt sie über die Leiter, die in der Ecke des Salons steht und schreibt auf, was den anderen Gästen einfällt. Gemeinsam tragen die Mitglieder des Clubs folgende Liste zusammen:

Diagnoseliste Galerie der Selbstverständlichkeiten

Was setze ich einfach voraus, ohne es noch weiter zu überprüfen?

Was tue ich schon immer genau so, ohne länger darüber nachzudenken, fast schon automatisch?

Welche Situationen irritieren mich, wenn sie einmal nicht so sind wie erwartet?

Worüber bin ich gestolpert, worüber habe ich mich geärgert, weil es nicht meinen Erwartungen entsprach?

Paul W. fragt nach: »Welche Galerie der Selbstverständlichkeiten ist denn nun prinzipiell schlecht und welche hat manchmal doch einen Nutzen?«

Die Clubmitglieder sortieren nun ihre Erfahrung mit der Galerie der Selbstverständlichkeiten und Paul W. schreibt auf:

Förderlich ist eine Galerie der Selbstverständlichkeiten:

als Orientierungshilfe, z.B. Anruf jeden Montag, um die Woche zu planen,

als Zeitersparnis, z.B. eine Anzahl an passenden Formularen, die schnell von Hand ausgefüllt werden können,

als bewährtes Ritual, das Sicherheit vermittelt, z.B. eine wöchentliche Teambesprechung,

als Ritual, das für Wohlbehagen sorgt, z.B. Lieblingstassen, Lieblingsgetränke, Lieblingsmusik zum morgendlichen Aufstehen,

als zuverlässiger Struktur gebender Teil unseres Lebens, z.B. Umgangsformen.

Hinderlich ist eine Galerie der Selbstverständlichkeiten:

wenn Zwänge entstehen, wenn man z.B. glaubt, Weihnachtskarten schreiben zu müssen, weil sonst alle enttäuscht sind und weil sich das eben so gehört,

wenn die Galerie der Selbstverständlichkeiten zum Verlust von Ressourcen wie z.B. Geld, Zeit, Energie, Konzentration führt,

wenn man sich verrennt, wenn z.B. mehrmaliges erfolgloses Vorgehen immer weiter wiederholt wird,

wenn sich Vorgänge verselbständigen, ohne eine wirkliche Berechtigung zu haben, z.B. bleibt man automatisch Mitglied in einem Verein, auch wenn man gar nicht mehr am Programm teilnimmt.

Susanne K. steht auf: »Jetzt verstehe ich, worum es eigentlich geht. Eine Galerie der Selbstverständlichkeiten ist eine Chance zur Optimierung. Und zwar betrifft das wohl alle Bereiche des Verhaltens. Das hat meine ehemalige Professorin am Beispiel ›Curiosity Killed the Cat‹ immer so treffend ausgedrückt. ›Diese Behauptung stimmt nicht‹, sagte sie immer, ›Neugier ist nicht gefährlich, sie macht im Gegenteil clever. Und Sie, liebe Susanne, behalten Sie Ihre Neugier, das wird Ihnen Chancen eröffnen.‹«

»Wie aber geht man denn jetzt um mit der Galerie der Selbstverständlichkeiten? Und wie funktioniert das Optimieren?«, fragt Alexander R.

Die Clubmanagerin kommt aufmunternd auf ihn zu: »Um das intensive Gefühl der Neugier im Sinne von Gier auf Neues, auf neue Erkenntnisse tatsächlich zu erleben, möchte ich jetzt eine spielerische Übung mit Ihnen ausprobieren. Allerdings bitte ich Sie, sich wirklich darauf einzulassen, mitzumachen bei diesem Spiel, ohne Ihren juristisch geschulten Verstand sofort einzuschalten. Die Übung heißt ›Gummibärchen im Doppelpack‹.

Stellen Sie sich folgende Situation vor: Wir befinden uns in einer imaginären Rechtsanwaltskanzlei. Ihr aktueller Fall betrifft die Verteidigung eines gekündigten Angestellten. Im Verlauf Ihrer Recherchen benötigen Sie dringend eine Information von einem Kollegen, der an genau diesem Thema vor zwei Monaten gearbeitet hat.

Dieser Kollege ist allerdings allgemein bekannt für seinen albernen Spieltrieb und seine merkwürdigen Wetten. Auch in Ihrem Fall ist er zwar bereit, über die Information zu verhandeln, aber er knüpft Bedingungen, sprich eine Wette, daran. Sollten Sie diese gewinnen, bekommen Sie die Information, wenn nicht, bekommen Sie die Information nicht und müssen zusätzlich für ihn die Aktenablage einer ganzen Woche übernehmen.

Bei der Wette geht es darum, dass Sie aus einer Tüte mit einem roten und einem gelben Gummibärchen, um zu gewinnnen, ›blind‹ das **rote** Gummibärchen herausnehmen sollen. Wenn Sie das gelbe Gummibärchen erwischen, haben Sie verloren.

Ihr Verdacht ist, das wissen Sie einfach, dass Ihr Kollege Sie reinlegen will, indem er nämlich zwei **gelbe** Gummibärchen in die Tüte steckt. Also, nehmen Sie diese kreative Herausforderung an?«

Bei diesen Worten greift sich die Clubmanagerin eine leere Papiertüte, die auf der Kommode liegt. Sie fischt aus der Schale mit Süßigkeiten einen kleinen Beutel mit Gummibärchen heraus und befördert blitzschnell zwei davon in die Tüte, die sie Alexander R. unter die Nase hält, der erst einmal sprachlos ist.

»Sie befinden sich jetzt in einer Situation in der Sie bisher noch nicht waren und für die Sie auch kein Rezept haben. In dieser Situation wäre eine gesunde Portion Neugier hilfreich, wenn Sie rauskriegen wollen, wie sich diese Aufgabe lösen lässt«, erklärt die Clubmanagerin.

»Aber das kann in einer so ausweglosen Situation doch gar nicht gehen«, widerspricht Alexander R. »Mein imaginärer Kollege hat doch alle Trümpfe in der Hand. Ich habe doch gar keine Chance.«

Markus L. schaltet sich ein: »Eventuell ist gerade das auch eine Galerie der Selbstverständlichkeiten. Wenn die vorformulierten Textbausteine nicht mehr passen, wenn das Herkömmliche nicht mehr greift, dann geben wir oft zu früh auf.«

»Es gibt doch diesen Ausspruch der amerikanischen Schriftstellerin Erica Jong: ›Wenn Sie nichts riskieren, riskieren Sie sogar noch mehr‹«, fällt Susanne K. dazu ein.

Kreativ-Kompetenz Neugier

Die Clubmanagerin hält die Tüte mit den Gummibärchen hoch: »Probieren Sie doch einfach verschiedene Möglichkeiten aus. Was passiert, wenn...«

Alexander R. beginnt: »Also, wenn ich keine Chance habe, dann nutze ich sie natürlich. Jetzt werde ich meine Neugier kultivieren. Verschiedene Möglichkeiten wollen Sie hören?
Ich kann das Spiel verweigern, dann bekomme ich von meinem Kollegen die Info nicht, das bringt es also nicht.
Oder ich kann ihm auf den Kopf zu sagen, dass ich ihm nicht traue, dass er meiner Meinung nach mit ›gezinkten Gummibärchen‹ spielt. Dann ist er beleidigt und ich kriege die Info auch nicht. Nicht besonders überzeugend.
Nächste Möglichkeit: Ich riskiere die Wette, nehme ein Gummibärchen und vertraue auf eine Chance von fünfzig zu fünfzig, dass es das rote ist.«

Sofia W. fragt: »Wäre gut zu wissen, ob Ihr Kollege Sie wirklich übervorteilen will, was sagt denn Ihr Instinkt?«

»Ich bin mir inzwischen sicher, dass er da wieder seinen albernen Spieltrieb auslebt, und wirklich zwei gelbe Gummibärchen in die Tüte gesteckt hat«, meint Alexander R.

Paul W. ermutigt ihn: »Na dann sollten Sie aber weiterspielen und versuchen, noch eine weitere Lösung zu finden. Spielen bedeutet ja auch experimentieren und Probe handeln.«

»Und jetzt nehmen Sie das doch mal wörtlich, das Probe Handeln«, fordert die Clubmanagerin auf.

Alexander R. greift ganz langsam, quasi in Zeitlupe, in die Tüte hinein. Er denkt laut: »Wenn ich mich also auf das riskante Spiel mit der Neugier einlasse, und ein Gummibärchen aus der Tüte nehme, dann bleibt also das andere Gummibärchen in der Tüte liegen. In dem Moment, wo ich meines aus der Tüte gezogen habe, sehe ich doch kurz das andere. Es ist gelb. Aha, es ist gelb. Aber wahrscheinlich ist meines, das ich in der Hand halte, auch gelb. Was ist, wenn ich dieses Gummibärchen verschwinden lasse? Dann gibt es nur noch ein gelbes Gummibärchen, das in der Tüte. Jetzt haben wir zwei Möglichkeiten, entweder mein Kollege gibt zu, dass er gemogelt hat und zwei gelbe Gummibärchen in die Tüte gelegt hat, was ja nicht sehr wahrscheinlich ist. Oder das Gummibärchen, das ich gegriffen habe, ist tatsächlich rot, und dann habe ich ohnehin gewonnen.«

»Aha«, sagt Susanne K., »und wie verschwindet ein Gummibärchen so einfach?«

»Darin habe ich jahrelange Übung«, bemerkt Alexander R. trocken, führt seine Hand zum Mund und verspeist das Gummibärchen mit sichtlichem Genuss. »Also, da in der Tüte ein gelbes Gummibärchen liegt und da wohl niemand gesehen hat, welche Farbe das verspeiste Gummibärchen hatte, muss ich doch wohl das rote Gummibärchen erwischt haben?«

»Das heißt, Neugier führt oft zu einem kreativen Vorsprung«, schlussfolgert die Clubmanagerin.

»Das hat mir gefallen, das war amüsant und aufschlussreich zugleich«, bedankt sich Alexander R. »Nun will ich noch den direkten Bezug zu meinem Leben und möchte vor allem erfahren, wie sich daran etwas verändern lässt.«

Paul W. übernimmt die Moderation: »Jetzt unternehmen wir einen gemeinsamen Spaziergang durch Ihr Leben. Wenn Sie mir meine Neugier nachsehen, dann suche ich für Sie besondere Stationen heraus, die wir auf eine mögliche Galerie der Selbstverständlichkeiten hin untersuchen können. Sollten wir tatsächlich fündig werden, dann versuchen wir bei den festgefahrenen Ansichten Optimierungspotenzial zu entdecken. Bitte betrachten Sie unsere Vorschläge aus dem Club dabei lediglich als Impuls. Die eigentliche Lösung bzw. das, was Sie wirklich und konkret verändern möchten, sollte dabei unbedingt von Ihnen selbst kommen.« Damit ist Alexander R. einverstanden.

Paul W. beginnt mit der Frage: »Wie gehen Sie denn üblicherweise mit Ihrer Unzufriedenheit, Ihrem Ärger um? Wie können Sie Ihre Kreative Unzufriedenheit ausdrücken und in Bahnen lenken?«

»Eigentlich schlucke ich den Ärger immer hinunter, weil es zu viel Zeit kostet, diesen irrationalen Gefühlen nachzugehen«, antwortet Alexander R.

Paul W. notiert auf eine Papierserviette: »Ärger immer runterschlucken« und stellt sie aufrecht auf den Tisch.

Sofia W.s Kommentar: »Das scheint schon eine fest gefasste Meinung, eine Galerie der Selbstverständlichkeiten zu sein.«

Doch Maximilian Z. betont: »Gerade heute haben Sie doch bewiesen, dass Sie sehr spontan und neugierig reagieren können. Sie sind einfach von Ihrem Schreibtisch aufgestanden und in den Club gekommen, um Ihrem Ärger Ausdruck zu verleihen – und Sie waren neugierig genug, um sich nicht nur zu beschweren, sondern auch um zu bleiben und Neues zu erfahren.«

Alexander R. blickt nachdenklich auf die Serviette. »Warum nicht öfter aufstehen und nachsehen, was um einen herum so alles geschieht, erst recht, wenn es einen zunächst ablenkt oder ärgert?« Dann notiert er sich in seinen Terminkalender in die Spalte »Aktuell«: »Öfter aufstehen und nachsehen«.

Die nächste Frage von Paul W. lautet: »Wie ist Ihr Büro denn eingerichtet?«

»Ich habe die Möbel vom Seniorpartner übernommen, als der in Ruhestand ging, sie sind sehr gediegen und zeitlos.« Alexander R.s Antwort kommt etwas schleppend.

Paul W. notiert auf die Serviette: »Immer noch die gleiche alte Büroeinrichtung«.

Sofia W. fragt nach: »Wie könnten Sie denn Ihr Büro mehr auf Ihre Persönlichkeit abstimmen?«

Alexander R. überlegt: »Darüber habe ich noch nie nachgedacht, weil die Möbel eben da waren und ich sofort weiterarbeiten musste. Inzwischen ist es eben so. Aber wenn ich es mir überlege, dann hat dieses Büro sehr wenig mit mir zu tun.«

»Jetzt haben Sie die Chance, das zu verändern«, ermutigt ihn Paul W.

»Ja, einen Bürostuhl für mich, in dem ich wirklich bequem sitze, das habe ich mir schon lange gewünscht, aber vor lauter Arbeit habe ich nicht auf mich gehört. Und was ich auch immer schon wollte, ist einen Bonsai-Garten anzulegen.«

Alexander R. notiert sich in seinen Terminkalender: »Neuer Bürostuhl + Bonsai-Garten«.

Kreativ-Kompetenz Neugier

Jetzt fragt Paul W.: »Wie verläuft denn Ihr Weg zur Arbeit?«

Alexander R. schildert seinen üblichen Weg: »Ich fahre immer mit der Linie S 3 bis zum Schopenhauer-Platz und laufe dann durch die Waldstraße bis zu unserer Kanzlei.«

Auf die Papierserviette wird geschrieben: »Immer S 3«.

Alfons E. erkundigt sich: »Gibt es denn eventuell andere Wege, die diese Routine einmal auflockern können?«

»Zum Beispiel mit dem Fahrrad durch den Stadtpark zu fahren, dann kommen Sie ins Grüne?«, überlegt Susanne K.

Doch Alexander R. meint: »Wissen Sie, ich fahre jeden Morgen über die Teufelsbrücke und dann sehe ich das Wasser, im Sommer hell glitzernd, im Winter bleigrau, und darauf will ich nicht verzichten, das mag ich sehr.«

»Dann sollten Sie diese Gewohnheit auch beibehalten«, sagt Alfons E. bestimmt.

Paul W. fragt weiter: »Sie hatten doch den Wunsch, sich mit Landschaftsarchitektur zu beschäftigen. Wie empfinden Sie denn zurzeit Ihre Verbindung zu Landschaft und Natur?«

Alexander R. seufzt: »Der Traum von der Landschaftsarchitektur ist leider ausgeträumt, ich habe so gar keinen Bezug mehr zur Landschaft.«

Paul W. schreibt: »Nie mehr Landschaft« auf eine Papierserviette.

Gleichzeitig fragt er: »Ist das wirklich so oder haben wir hier eine handfeste Galerie der Selbstverständlichkeiten?«

»Möglicherweise«, murmelt Alexander R. verzagt. »Haben Sie denn Ideen für Optimierungspotenzial? Denn ich merke, dass ich selbst an dieser Stelle wirklich eingefahren und festgefahren bin.«

Sofia W. hat einen Vorschlag: »Sie können doch Landschaftsarchitektur in einer Minimaldosierung genießen, beispielsweise gibt es diese Reisen nach England, bei denen man englische Gärten in Reinkultur erleben kann.«

Eine weitere Idee kommt von Maximilian Z.: »Sie könnten die Clubmanagerin beraten, was dem Garten um die Villa Club gut tut.«

Alexander R. lacht und notiert sich: »Nach Landschaftsreisen erkundigen, Garten des Clubs anschauen«.

Als Nächstes will Paul W. wissen: »In welchem Zeitrhythmus ist Ihr Arbeitstag organisiert?«

Alexander R. denkt kurz nach: »Ich muss eigentlich jeden Tag bis 22.00 Uhr arbeiten. Natürlich kann ich mich dann zum Schluss nicht mehr konzentrieren, aber ich versuche es wenigstens.«

»Gibt es andere Möglichkeiten Ihren Arbeitsablauf zu organisieren?«, will Christina C. wissen. »Sie können beispielsweise früher anfangen, je nachdem, wann Sie am störungsfreiesten und konzentriertesten arbeiten. Öfter eine kurze Frischluftpause verhilft zu besserer Konzentrationsfähigkeit.«

Alexander R. überlegt: »Ich kann nächste Woche ausprobieren, an zwei Tagen früher anzufangen, je nachdem, wann ich mich am besten konzentrieren kann. Ich werde mal prüfen, wann bei uns die ruhigsten Zeiten sind. Ich könnte auch öfter eine kurze Frischluftpause im Park oder hier im Garten der Villa einlegen und dann weitersehen.«

Er notiert sich: »Zwei Tage früher, Check ruhige Bürozeiten, Frischluft«.

Die Clubmanagerin hat noch einen wichtigen Hinweis: »Also eine Veränderung sollten Sie sich unbedingt überlegen: Gerade am Donnerstag ist es empfehlenswert, nur bis 19.45 Uhr zu arbeiten, denn ab 20.00 Uhr brauchen wir Sie und Ihr Wissen dringend im Club K.U.N.T.E.R.B.U.N.T.«

Alle Gäste bestätigen das und Alexander R. notiert sich in seinen Terminkalender: »Do. 20.00 Uhr Club K.U.N.T.E.R.B.U.N.T.«

Anschließend betrachtet er sich die galerieartig auf dem Tisch aufgereihten Papierservietten, auf denen jeweils eine Ausprägung seiner Galerie der Selbstverständlichkeiten notiert ist. Die meisten Servietten greift er sich und zerknüllt sie, nur seinen geliebten Weg zur Arbeit mit der S 3 lässt er stehen.

Dann fällt sein Blick auf den Kalender, der an der Wand hängt. Unter einer stimmungsvollen Berglandschaft ist zu lesen: »Wenn Sie in den letzten Jahren keine wichtigen Überzeugungen aufgegeben haben oder neue angenommen haben, dann sollten Sie einmal Ihren Puls fühlen. Vielleicht sind Sie schon tot.« (Gelett Burgess)

Reflexartig fasst er sich ans Handgelenk. Zum Glück fühlt er seinen Puls noch, sogar heftiger als sonst, denn der heutige Abend, seine eigene umfangreiche Galerie der Selbstverständlichkeiten und die Erkenntnis, dass nichts unveränderlich sein muss und nichts – und erscheint es noch so festgefahren – nicht mehr zu ändern ist, haben ihn stark bewegt.

Es braucht nur die richtige Portion Neugier im positiven Sinn. Und sicher gibt es angrenzende Fähigkeiten, die es auch zu entdecken gilt. Aber darüber wird er bestimmt an einem anderen Clubabend mehr erfahren. Auf jeden Fall ist er neugierig darauf.

Perspektiv

Das zweite Kreative Abenteuer
Kreativ-Kompetenz Perspektivwechselfähigkeit

Eine Woche später, an einem Donnerstag um 20.00 Uhr im Club K.U.N.T.E.R.B.U.N.T. Heute ist auf dem Display folgender Satz zu lesen:

Konstruktiv Und Nachdenklich Tragen wir dazu bei, dass Es um Rettende Blickwinckel Und Neugierige Taten geht....................

Markus L. lässt den Satz auf sich wirken und schüttelt den Kopf, dabei schmunzelt er unweigerlich. Ja, es stimmt schon, der Clubabend ist zu einem wichtigen Mittelpunkt in seinem Leben geworden. Es tut gut, im Kreis der anderen Gäste festzustellen, dass man keineswegs allein ist mit den alltäglichen Ärgernissen und Unannehmlichkeiten. Schon zuzuhören genügt, um sich etwas besser und auch verstanden zu fühlen. Doch für jeden im Club ist es die größte Freude, einen aktiven Beitrag, eine Idee zur Lösung des beschriebenen Fallbeispiels beisteuern zu können.

Die lebhaften und anregenden Diskussionen außerhalb des Kollegenkreises und des üblichen Unternehmensumfeldes führen immer zu interessanten Erkenntnissen, die jede und jeder auf sich selbst übertragen kann. Eigentlich ist der Club so etwas wie ein interdisziplinäres Expertenteam, denn die Gäste sind so unterschiedlich und kommen aus ganz unterschiedlichen Lebens- und Arbeitsbereichen.

Genau diese Mischung ist sicherlich ein Beweggrund, der alle wöchentlich immer wiederkommen lässt.

So auch Markus L., der sich gerade auf die Ledercouch im Bunten Salon fallen lässt und sich als Erster zu Wort meldet: »Wie Sie ja wissen, bin ich als Produktmanager bei einem Süßwarenhersteller beschäftigt. Neue Märkte soll ich finden, Ideen müssen her, so haben es mein Abteilungsleiter und der Vertrieb beschlossen. Schließlich sei dies für mich als Experte für das von mir betreute Produkt doch wohl kein Problem! ›Machen Sie mal, Herr L.! Seien Sie doch mal kreativ! Immerhin sind Sie ja im Marketing!‹ Wenn es doch so einfach wäre.

Am nächsten Montag schon soll das Meeting stattfinden und ich soll meinen Vorschlag für ein neues Markterschließungskonzept präsentieren. Dabei habe ich erst gestern den Auftrag erhalten, flüchtig und im Vorbeigehen in mein Büro gerufen. Was soll ich denn in dieser Kürze aus dem Boden stampfen? Heute habe ich den halben Tag lang abwechselnd auf den Bildschirm, auf ein leeres Blatt oder aus dem Fenster gestarrt. Vergeblich habe ich auf eine Intuition gewartet.

Den Rest des Tages habe ich mich dann irgendwie in andere Aufgaben geflüchtet, die leichter abzuarbeiten sind und schneller zu sichtbaren Ergebnissen führen. Aber streng genommen waren diese Aufgaben gar nicht wirklich wichtig, sondern nur eine Ablenkung von meinem Problem.

Weder ein Spaziergang um den Block und etwas frische Luft, noch eine Mittagspause im Fitness-Studio haben mir zu einer zündenden Idee verholfen. Und sogar noch auf dem Weg zum Club K.U.N.T.E.R.B.U.N.T. habe ich die ganze Zeit auf den rettenden Geistesblitz gehofft. Aber wieso funktioniert das nun ausgerechnet dieses Mal nicht bei mir? Wenn man Kreativität doch einfach so auf Knopfdruck managen könnte.«

Alle haben aufmerksam zugehört, manche verständnisvoll genickt und bestätigt: »Genau so ist es mir auch schon ergangen.«

Gemeinsam überlegen sie nun, worin das Problem denn konkret besteht. Es werden verschiedene Problemfacetten mit leicht unterschiedlichen Schwerpunkten notiert und Markus L. darf sich die aus seiner Sicht passende Formulierung aussuchen.

Christina C. vermutet, es liege daran, dass er nicht wisse, wie man den notwendigen Denkstil aktiviere und damit seine Kreativität wirklich auch managen könne.

Dieser Ansatz interessiert Markus L., und er lässt sich die Denkstile und das gezielte Managen von Kreativität genauer erläutern.

Plötzlich ist es ganz still im Salon und alle hören den Ausführungen von Christina C. sehr konzentriert zu: »Kreativität gezielt einzusetzen, also kreative Energie zu bändigen, erscheint zunächst als ein Widerspruch in sich. Denn Kreativität wird oft mit Begriffen wie ›spontan‹ und ›sprunghaft‹ – aber auch mit ›unberechenbar‹ und nicht zu ›steuern‹ – assoziiert.

Die herkömmliche Meinung dazu ist: Entweder man hat die Gabe der Kreativität oder man hat sie eben nicht. In Wahrheit aber ist dies nichts anderes als ein Vorurteil. Denn wenn Kreativität tatsächlich nur bedeuten würde, auf spontane Ideen zu warten, dann wäre sie ein Glücksspiel – mit ungewissem Ausgang – und damit alles andere als eine ökonomisch nutzbare Ressource.

Doch gerade wir im Management benötigen heute mehr denn je kreatives Potenzial, das zuverlässig nutzbar ist. Damit beschäftigen wir uns in der Personalabteilung seit geraumer Zeit und haben zunächst die Situation analysiert.

Wenn konkurrenzfähige Produkte und Dienstleistungen entwickelt und am Markt durchgesetzt werden sollen, dann sollten wir auch die Herausforderungen schwieriger Marktbedingungen und anspruchsvoller Kunden annehmen. Denn auf Märkten, die zunehmend gesättigt sind und in Zeiten globalen Wettbewerbs ist es notwendig, neue Ideen und neue Wege aktiv zu fördern. Ökonomisches Wissen allein hilft uns hier nicht mehr weiter. Deshalb sollte strategisches Wissen mit kreativem Denken kombiniert werden, damit wir innovatives Potenzial gezielt abrufen können.

Den Schlüssel dazu sehen wir in der bewussten Sensibilisierung auf den in der jeweiligen Situation benötigten Denkstil. Die Kreativitätsforschung unterscheidet hierbei zwischen dem konvergenten und dem divergenten Denkstil. Beide Denkstile haben ihre speziellen Anwendungsbereiche, in denen sie optimal einsetzbar sind.«

Christina C. zieht aus ihrer Aktentasche ein Blatt heraus: »Hier habe ich eine Gegenüberstellung der Denkstile, an der wir in der Personalabteilung gerade arbeiten. Ich lasse sie herumgehen, damit Sie sich klarer vorstellen können, was ich meine.«

Konvergenter Denkstil	**Divergenter Denkstil**

Konvergent stammt aus dem Lateinischen und bedeutet übereinstimmend, zusammenführend.	Divergent stammt aus dem Lateinischen und bedeutet entgegengesetzt, verzweigend.
Er verkörpert das logische zielgerichtete Denken.	Er verkörpert das frei fließende Denken.
Er verläuft in systematisch nachvollziehbaren Schritten.	Er verläuft sprunghaft und ist logisch nicht nachvollziehbar.
Er bündelt Gedanken in eine Richtung.	Er streut Gedanken in viele Richtungen.
Er kommt »auf den Punkt«.	Er kommt »vom Hölzchen aufs Stöckchen«.
Das Ergebnis des konvergenten Denkstils ist eine Entscheidung.	Das Ergebnis des divergenten Denkstils sind hundert Ideen.
Das Motto des konvergenten Denkens lautet »ENTWEDER–ODER«.	Das Motto des divergenten Denkens lautet »SOWOHL ALS AUCH«.

Konvergenter Denkstil	**Divergenter Denkstil**
Ein typisches Beispiel: »Nehme ich jetzt das Käse-Sandwich oder das Schinken-Sandwich? – Der Schinken sieht eher trocken aus und der Käse ganz frisch. Also ich entscheide mich für Käse.«	Ein typisches Beispiel: »Nehme ich jetzt das Käse-Sandwich oder das Schinken-Sandwich? – Also, der Käse sieht lecker aus mit dem grünen Petersiliensträußchen, das erinnert mich an unseren Urlaub auf Rügen, da stand immer so ein schöner Blumenstrauß auf dem Tisch, und dabei fällt mir ein, auf meinem Schreibtisch liegt ja der Brief mit der Bestellung an Herrn Strauß und da sollte ich doch noch mal schnell…«
Die negative Tendenz ist, dieser Denkstil kann sich verengen oder gar auf bestimmte Aspekte blockierend fixieren.	Die negative Tendenz ist, dieser Denkstil kann im Chaos zerfließen und dabei uferlos werden.
Die positive Tendenz ist, dieser Denkstil kann zielorientiert wirken und Entscheidungen herbeiführen.	Die positive Tendenz ist, dieser Denkstil kann Chancen eröffnen und neue Vorgehensweisen erfinden.

»Der konvergente Denkstil ist im Geschäftsleben weit verbreitet und hat als Struktur gebendes Element dort auch seine Berechtigung. Allerdings ist er für die Entwicklung neuer Ideen unpassend. Dafür ist der divergente Denkstil weitaus besser geeignet, denn er ermöglicht frei fließendes Denken, er streut Ideen in viele Richtungen und kann so gedankliche Fenster zur Zukunft öffnen.

Wer in Daten, Zahlen und Fakten versunken ist, also konvergent denkt wie Markus L., gleichzeitig aber ›auf Knopfdruck‹ eine neue Idee braucht, also den divergenten Denkstil benötigt, der sollte den Denkstil bewusst wechseln können.

Das ist möglich durch eine Übung, die als ›Kreativ-Warm-up‹ bezeichnet wird. Damit gelingt es, gezielt in den divergenten, ausschwärmenden Denkstil umzuschalten. Erst dann lassen sich Kreativtechniken wirkungsvoll einsetzen. So klappt es, innerhalb kurzer Zeit eine Vielzahl von Ideen zu generieren.

Genauso wichtig ist es, vom divergenten Denkstil, also dem Schwelgen in Ideen, wieder umzuschalten in konvergentes Denken. Benötigt wird der konvergente Denkstil zur Strukturierung und Bewertung der zuvor entwickelten Ideen, also zur Ideenauslese. Sind die Gedanken erst einmal am Ausschwärmen, lässt sich das Gehirn nur ungern wieder bändigen. Auch hierbei hilft ein passendes Kreativ-Warm-up, um vom divergenten Denkstil zurück in eine konvergente Form des Denkens zu gelangen.«

Christina C. blickt in die interessierten und neugierigen Gesichter der Gäste. Um dieses gesteuerte Umschalten einmal auszuprobieren, bittet sie alle, ihren Sitzplatz zu wechseln, also einen neuen Betrachtungswinkel im Raum einzunehmen, und startet mit der Erläuterung der nachfolgenden Übungen.

»Womit wollen wir beginnen? Gehen wir davon aus, dass Markus sich zurzeit im konvergenten Denkstil befindet, dass er also über Daten, Zahlen, Fakten nachbrütet. Um jetzt in den divergenten

Denkstil zu gelangen, Ideen also fließen zu lassen, ist eine Übung geeignet, die ›Schokoladen-Memory‹ heißt.

Sie ermöglicht das Umschalten in den divergenten Denkstil, und sie aktiviert darüber hinaus alle Sinne. Das spüren Sie, wenn Sie sich wirklich darauf einlassen und die rein visuelle Welt, das heißt das, was Sie mit den Augen erleben, erweitern.

Dazu sollten Sie reihum folgende Frage beantworten: In welcher Form haben Sie im Laufe Ihres Lebens schon Schokolade genossen? Genossen kann hier bedeuten gesehen, geschmeckt, zerkaut, getrunken, gerochen, inhaliert, berührt, verrieben oder gehört? Und wann war das?

Und bitte, beantworten Sie diese Frage spontan, mit der ersten Idee, die Ihnen in den Sinn kommt. Ich weise noch darauf hin, dass für dieses Kreativ-Warm-up die Regel gilt, dass keinerlei Kritik an den Ideen der anderen geäußert wird. Das meint nicht nur verbale Kritik, sondern auch akustische Kritik, also mit den Füßen zu trappeln, Papier zu zerknüllen, auf dem Tisch zu trommeln usw. Testen Sie einmal, wie ablenkend das wirkt.«

Die Gäste knüllen Papier, scharren mit den Füßen, trommeln auf dem Tisch, und nach einer Minute sagt Isabella N. entnervt: »Das ist ja schrecklich anstrengend.«

»Eben«, bestätigt Christina C., »aber genauso kreativitätshemmend ist es, wenn Sie gestische und mimische Kritik üben. Sie brauchen gar keine Geräusche zu machen, um Ideen zu ›killen‹. Versuchen Sie jetzt bitte mal, sich durch abfällige Gesten zu äußern, also die Faust ballen, die Hand gegen die Stirn schlagen, eine wegwerfende Handbewegung machen.

Und bitte auch gleich noch die mimische Kritik dazu: Augen rollen, Augenbrauen hochziehen, Stirn runzeln.«

Die Anwesenden üben sich in gestischer und mimischer Kritik, und für eine Minute geht es ziemlich wild zu im Bunten Salon. Dann meldet sich Piero D.: »Sie haben Recht, das ist wirklich ein Klima, in dem mir jede neue Idee im Halse stecken bleibt.«
Alle geben ihm Recht, und es wird vereinbart, dass diese Form der Kritik während der Kreativ-Warm-ups unterbleiben soll.

Christina C. notiert für alle noch einmal mit Kreide auf der Schiefertafel, die auf der Kommode des Salons lehnt:

Kreativ-Warm-up:
keine Kritik, weder
- *verbal*
- *akustisch*
- *gestisch*
- *mimisch*

Alle Gäste setzen sich entspannt und Christina C. beginnt: »Nun zum Schokoladen-Memory. Hier noch einmal die Frage: ›In welcher Form haben Sie im Laufe Ihres Lebens schon Schokolade genossen, das heißt gesehen, geschmeckt, zerkaut, getrunken, gerochen, inhaliert, berührt, verrieben, gehört? Wann war das?‹«

Reihum wird die Frage von den Clubmitgliedern beantwortet, die ersten Antworten kommen noch zögerlich:
- »Als Kaba-Getränk in den sechziger Jahren.«
- »Als Bestäubung auf der geschäumten Milch des Cappuccino gestern.«
- »Als ich letzte Woche bei meiner Freundin Carola war, haben mir ihre Kinder Schokolade angeboten.«

Dann gehen die Assoziationen flüssig rundum weiter:
- »Als Schokoladeneis beim Italiener im letzten August.«
- »In Wien vor drei Jahren, als ich Sachertorte gegessen habe.«
- »Im Kochkurs 1999, als wir Huhn in Schokoladensoße gekocht haben.«

Christina C. weist darauf hin, dass bis jetzt in der Erinnerung vorwiegend der Geschmackssinn aktiviert wurde. Sie ermutigt die Clubmitglieder, auch die übrigen Sinne mit einzubeziehen. Sie fragt: »Wie können Sie denn Schokolade genussvoll sehen, hören, riechen, fühlen?«

Die Antworten dazu:

»**Sehen**: Als ich einmal einen Stiefel aus Schokolade in einem Schaufenster eines Chocolatiers gesehen habe, der sah so toll aus, so glänzend braun, also…«

»**Hören**: Wenn ich eine Tafel Schokolade auspacke und die Aluminiumfolie knistert so verführerisch.«

»**Riechen**: Wenn ich die Weihnachtsplätzchen bei meiner Oma, die mit Schokolade glasiert sind, schon im Flur rieche.«

»**Fühlen**: Neulich habe ich in ein Glas mit Schokolinsen gegriffen und mir eine Hand voll rausgenommen.«

»**Hören**: Als ich dem Osterhasen, der schon seit Wochen auf meinem Schreibtisch stand, krachend ins Ohr gebissen habe.«

»**Fühlen**: Als Zutat in der Lotion, also Kakaobutter, die ich heute auf meinem Oberarm verrieben habe.«

Das Schokoladen-Memory läuft noch einige Runden weiter, die Clubmitglieder schwelgen mit allen Sinnen in einem genussvollen schokoladenerfüllten Universum. Dann fragt Christina C.: »Glauben Sie, dass Sie nun Ideen entwickeln können? Fließen Ihre Gedanken? Sind alle Ihre Sinne eingeschaltet?«
Alle Clubmitglieder bejahen, am liebsten würden sie die ganze Nacht weiter über Schokolade reden und nicht nur das, einige überlegen schon, ob und wo in der Küche des Clubs sich wohl Schokoladenvorräte befinden könnten.

Aus diesen Schokoladenträumen reißt sie Christina C. nun radikal heraus: »Wir alle wissen, dass es Spaß macht, Ideen zu entwickeln und oft hören wir vor lauter Begeisterung und Ideenverliebtheit gar nicht mehr auf. Um aber Ideen bewerten und zu einer Entscheidung kommen zu können, brauchen Sie den konvergenten Denkstil. Jetzt zeige ich Ihnen, wie Sie den Wechsel in diesen Denkstil schaffen, mit dem Sie wieder zielgerichtet, logisch und auf den Punkt gebracht denken.«

Zunächst bittet Christina C. die Gäste, ihren Sitzplatz erneut zu wechseln. Eine dramaturgische Unterstützung, die dafür sorgt, dass tatsächlich auch andere kognitive Perspektiven eingenommen werden können. Da jede Sitzgelegenheit einen anderen Raumausschnitt und Blickwinkel auf die anwesenden Personen freigibt und eine andere Oberflächenbeschaffenheit von Sitzfläche, Rücken- und Armlehne hat, werden die Gäste auf diese Weise auch körperlich in eine andere Haltung gebracht, was wiederum gleichsam eine veränderte innere Haltung auslöst und so zu neuen Wahrnehmungen und Erkenntnissen führt.

Als sich alle umgesetzt haben, stellt Christina C. die Warm-up-Übung für den konvergenten Denkstil vor:

»Die K-Welt:
Hierzu beantworten Sie bitte wieder eine Frage reihum. Es geht jetzt darum, dass Sie bei den Lösungsmöglichkeiten strikt sortieren, und zwar nach dem Anfangsbuchstaben, denn in der Welt, in die wir jetzt eintauchen, gibt es nur Worte mit diesem Anfangsbuchstaben. Heute nehmen wir mal den Buchstaben K wie Kunterbunt. Natürlich haben Sie einen gewissen kreativen Spielraum, was die Rechtschreibung betrifft. Und ab jetzt gilt wieder die Vereinbarung, jegliche Kritik zu unterlassen, so wie es hier auf der Schiefertafel steht. Und los geht's.

Finden Sie bitte Antworten, die mit K beginnen, zu der Frage: Worauf freuen Sie sich?«

Als Antworten werden genannt:

* Kartoffelchips knuspern
* Kringelig lachen
* Katzen streicheln
* Ketchup ausgießen
* Krause Gedanken
* Kwietsche-Entchen jagen
* Kerzenschein
* Kichern
* Kolibrigezwitscher
* Kennenlernen von Neuem
* Kandiszucker zerspringen hören

* Kluge Gespräche
* Kaos wieder beseitigen
* Karamellbonbons
* Kartons voller Überraschungen

Die Mitglieder des Clubs haben nun über mehrere Runden zum Buchstaben K assoziiert. Christina C. lässt zunächst ihren Blick schweifen und setzt dann ihren Finger auf die Tischplatte: »Sind wir jetzt auf den Punkt gekommen? Haben Sie bemerkt, dass Sie konvergent gedacht haben, um diese Übung durchzuführen?

Um diese Aufgabe zu lösen, haben Sie, das heißt Ihr Gehirn, alle möglichen Assoziationen und Gedankenfetzen, die Ihnen durch den Kopf geschossen sind, sortiert – und zwar ausschließlich nach dem Kriterium des Anfangsbuchstabens. So haben Sie spontane Ideen in Bahnen gelenkt und sind in den konvergenten Denkstil gekommen.«

Paul W. meint anerkennend: »Das war spannend, dieses Umschalten des Denkstils.«

»Das hat sogar richtig Spaß gemacht!«, findet Markus L. »Und wenn es durch derartige Übungen leichter ist, den passenden Denkstil zu aktivieren, dann ist es ja auch möglich, sich bewusst zu entscheiden, ob man nun gerade divergent denken will, um Ideen zu produzieren, oder ob es jetzt sinnvoll ist, konvergent zu denken, um Ideen zu bewerten.«

Die Gäste stimmen ihm zu und gönnen sich noch ein paar sprunghafte Gedanken zu verschiedenen Themen. Doch langsam macht sich eine fröhlich-erschöpfte Aufbruchsstimmung breit.

Markus L. bedankt sich und verlässt den Club K.U.N.T.E.R.B.U.N.T. Er hat gar nicht gemerkt, wie die Zeit vergangen ist. Es ist schon

EINFALL

dunkel geworden und der Mond steigt gerade hinter der Villa auf. Wie gut, dass er nicht zu Hause geblieben ist, solch einen inspirierenden und auch fröhlichen Abend hat er schon lange nicht mehr erlebt.

Auf dem Heimweg fällt sein Blick auf ein beleuchtetes Plakat, das einen neuen Kinofilm ankündigt: Abgebildet ist eine junge Frau mit bunten Ringelstrümpfen. Unter dem Bild ist zu lesen: »*Sie schlief immer mit den Füßen auf dem Kopfkissen und mit dem Kopf tief unter der Decke.*« Die Headline des Plakates lautet: »Wechseln Sie öfter mal die Perspektive. Sie werden ganz neue Blickwinkel entdecken!«

Das dritte Kreative Abenteuer
Kreativ-Kompetenz Einfallsreichtum

Susanne K. reibt sich zuerst den Nacken, dann die Stirn. Heute hat sie schon so viel gegrübelt und sich den Kopf über ihre Situation zerbrochen, dass sie völlig verkrampft ist. Ihre Kopfschmerzen werden immer heftiger und sie beschließt, das Büro zu verlassen. Zwar ist es schon 19.15 Uhr, aber ihr eigentliches Problem hat sie für heute noch nicht gelöst. Auf dem Weg in den Club K.U.N.T.E.R.B.U.N.T. geht sie schnell noch in eine Apotheke und kauft sich ein Fläschchen Pfefferminzöl. Das Heilpflanzenöl entspannt Stirn und Nacken und sie inhaliert den angenehm kühlen Duft von Pfefferminze. Sie möchte keinesfalls auf den Abend im Club K.U.N.T.E.R.-B.U.N.T. verzichten. Eigentlich erfüllt der Club eine ähnliche Funktion wie die Apotheke soeben: Die Clubmitglieder entwickeln gemeinsam Mittel gegen aktuelle Probleme. Bei entsprechender Anwendung zeigen diese Gegenmittel auch die erwünschte Wirkung. Die Risiken und Nebenwirkungen der Mittel werden zusammen beleuchtet, die Anwendungsweise im Einzelfall muss allerdings jeder selbst individuell erproben. Dieser Vergleich zwischen einer Apotheke und dem Club K.U.N.T.E.R.B.U.N.T. amüsiert sie und sie sieht die Leuchtschrift:

Können Und Neugier Treffen auf Einfallsreichtum Realitäten Beugen sich Und Neue Tatsachen entstehen . . . .

Gerade als die Clubmanagerin an ihr Glas klopft, um den Abend offiziell zu eröffnen, tritt Susanne K. durch die Tür. Sofort richten sich alle Augen auf sie, ein Gast schiebt ihr einen bequemen Stuhl hin, ein anderer drückt ihr erst einmal ein Glas dampfenden Tees in die Hand. Sie sieht heute bedrückt und kraftlos aus, das ist niemand von ihr gewohnt.

Susanne K. atmet tief durch und dann sprudelt es aus ihr heraus: »Schon wieder soll bei uns ein Projekt gestartet werden. Die Hauptaufgabe von mir und meiner Abteilung ist es, Trends und Chancen auf dem Duft- und Parfümmarkt zu entdecken und Empfehlungen für weitere Marktstrategien abzugeben. Die Ergebnisse unserer Arbeit werden in die Produktentwicklung weitergeleitet. Es geht um eine permanente und vorausschauende Marktbeobachtung mit pro-aktiver Strategieentwicklung. Schließlich strebt die Geschäftsleitung die Marktführerschaft im europäischen Markt des höheren Preissegments an. In dem Projekt geht es um eine Trendanalyse zur Entwicklung eines Duftes speziell für die Zielgruppe der Männer im Alter von fünfzig Jahren und darüber, also der 50$^+$-Generation.

Diese werden im Unternehmen die ›Silver Sailors‹ genannt, aber eigentlich hat niemand einen Bezug zu dieser Zielgruppe.

Was dieser Projektauftrag denn nun konkret bedeutet, konnte

ich vom Abteilungsleiter bisher noch nicht erfahren. Schließlich kenne man doch die Firma, kenne das Geschäft und man kenne sich auch untereinander schon lange genug. Da sei auch nichts explizit Ausformuliertes notwendig, man verstehe sich auch so.

Eine klare Aufgabendefinition zur Ermittlung des Projektauftrages? Den Sinn und Zweck des Projektes mit allen Beteiligten diskutieren und detaillierte Ziele ableiten? Stundenlange Planungsmeetings abhalten, bevor das Projekt überhaupt startet? Das sei nur Zeitverschwendung! Es werde Zeit, dass das Projekt endlich ins Rollen kommt. TATEN sollen erfolgen, ERGEBNISSE müssen geschaffen werden, FAKTEN würden benötigt – kein Geschwätz!

So weit die Auseinandersetzung mit dem Abteilungsleiter.

Ich soll das Projekt leiten und meine Kolleginnen und Kollegen davon überzeugen, noch einmal alles zu geben in den letzten Monaten des Jahres. Mitten in die Hochsaison des Tagesgeschäftes soll dieses Projekt integriert werden, natürlich keineswegs als ›Full-Time-Job‹, neben dem Tagesgeschäft ›wird sich schon noch Platz finden‹!

Hier sind wirklich Erfindergeist und Improvisationstalent gefordert, um die allgemeine Projektmüdigkeit zu vertreiben. Meine ersten Versuche sind allerdings kläglich gescheitert. Niemand hat Lust, an diesem freiwillig-unfreiwilligen Projekt mitzumachen.

Und nun ist auch noch ein weiterer erschwerender Umstand dazugekommen. Von den ursprünglich zu einem Zielpersonen-Workshop eingeladenen drei Experten aus der Branche hat nur einer für diesen Termin noch in diesem Jahr zugesagt, die anderen sind derart kurzfristig nicht verfügbar. Und das alles, obwohl der Zeitpunkt der Ergebnispräsentation vor der Geschäftsleitung und der Marketingabteilung schon feststeht. Mir bleiben noch ganze fünf Wochen, bis ich die Trendanalyse in der KW 50 vorlegen soll.«

Susanne K. schaut betreten nach unten und dann in die Salonrunde: »Was kann ich denn nun tun? Wie hat der Abteilungsleiter so schön gesagt: Er erwartet unternehmerisches Denken von seinen Mitarbeiterinnen und Mitarbeitern und dazu gehört auch, unter schwierigen Bedingungen eine Lösung zu finden.«

Ihr Hilfe suchender Blick wird von Maximilian Z. aufgefangen: »Aha, wieder ein Projekt, das nicht in Gang kommt.«

Susanne K. fragt ihn: »Wenn Sie dieses Phänomen kennen, was schlagen Sie denn als Gegenmittel vor?«

Maximilian Z. holt tief Luft: »Das ist oft eine Frage des Einfallsreichtums. Beginnen wir doch einmal mit der Vorstellungskraft. Was ist für Sie alle denn ein Projekt? Ich meine, was stellt es für Sie dar?«

Alexander R. antwortet schnell: »Für mich ist ein Projekt eine Mischung aus Daten, Zahlen und Fakten, alles gut gemixt und geschüttelt.«

Christina C. erklärt: »Also, für mich ist Projekt nur ein Modewort, eine viel zitierte Floskel.«

»Eben«, bemerkt Paul W., »ein Projekt ist heutzutage doch alles und nichts.«

Und Susanne K. meint nur: »Für mich ist dieses Projekt eine wirkliche Katastrophe.«

Maximilian Z. läuft im Zimmer auf und ab, während er diagnostiziert: »Die Vorstellungskraft und Fantasie von Ihnen allen ist offensichtlich durch das Tagesgeschäft erheblich geschwächt. Sie sehen ja den Wald vor lauter Projekten nicht mehr. Gerne möchte ich Ihren Ideen auf die Sprünge helfen. Ich will mal zu der ganz ursprünglichen und kraftvollen Bedeutung des Begriffes zurückkehren.

Projekt leitet sich ab aus dem Lateinischen und bedeutet ›das nach vorn Geworfene‹. Das heißt, ein Projekt ist etwas Dynamisches und auch Einmaliges. Und es hat einen Spannungsbogen von seinem Anfang bis zum Ende, es bewegt sich also nicht linear, sondern sollte mit Schwung angetrieben werden. Und das macht auch Sinn, weil ein Projekt ja etwas ganz Neues beinhaltet, das etwas bewegen und vorwärts bringen soll. Wenn ein Projekt uns also weiterbringen soll, dann dürfen wir es nicht als Ärgernis, Hindernis oder gar Katastrophe begreifen, sondern als ein Vehikel, als ein Fahrzeug im allerweitesten Sinne.«

Susanne K. erwidert gereizt: »Na gut, das leuchtet ein, meinetwegen ist es ein Fahrzeug, aber wie kriege ich dann alle, die ich brauche, ins Boot?«

»Gut, dass Sie das so formulieren, denn es ist eine gebräuchliche Redewendung ›jemanden ins Boot holen‹ und es ist auch eine gebräuchliche Vorgehensweise, die allerdings häufig zu nicht befriedigenden Resultaten führt. Das liegt an der, entschuldigen Sie, herkömmlichen Herangehensweise.

Wenn wir uns diesem Projekt mit Fantasie nähern, dann können wir die folgende Frage stellen: In welche Art Boot holen Sie Ihre Kolleginnen und Kollegen denn?

Beim Projekt-Management geht es nicht nur darum, jemanden zu überreden, sondern darum, eine Projekt-Kultur zu erschaffen. Es geht nicht nur darum, die Beteiligten in irgendein Boot zu holen, sondern ein Projekt als Lebensraum für sie zu schaffen, es als ein Boot oder einen Kahn oder ein Schiff oder ein Raumschiff so zu gestalten, dass alle wirklich einsteigen wollen. Aber was haben Sie denn zurzeit anzubieten?

Ich schlage Ihnen vor, gemeinsam eine Fantasie fördernde Übung zu machen, um dabei tragfähige Ideen für das Projekt zu entwickeln. Die Übung nennt sich ›Projekt-TÜFF‹. Die Abkürzung TÜFF bedeutet: ›Tatsacheninterpretierende Überprüfungs-Fahrzeug-Fantasie‹.

Damit können Sie auf fantasievolle Weise herausbekommen, wie es um Ihr Projekt bestellt ist. Versuchen Sie jetzt, sich das Projekt als ein Fahrzeug vorzustellen, auch in welchem Zustand, vor allem in welchem Bewegungszustand, sich dieses Projekt befindet.«

Einige der Clubmitglieder finden Vergleiche:
- »Also für mich sieht das aus wie ein halb aufgeblasenes Gummiboot.«
- »Ein Tretboot mit einer durchgebrochenen Bank und rostigen Pedalen.«
- »Ich sehe ein Kanadierkanu, in dem Susanne K. ganz allein sitzt.«
- »Eigentlich ist es ein Floß, das steuerlos auf einen Wasserfall zutreibt.«

Maximilian Z. schaut in die Runde: »Und? Können Sie dieses Projekt in dieser Form den anderen mit gutem Gewissen anbieten? Ist es wahrscheinlich, dass sie da einsteigen?«

Susanne K. seufzt. »Sie haben Recht, das ist wirklich unwahrscheinlich, das weiß ich doch auch. Aber was hilft denn jetzt?«

»Im Moment geht es darum, eine Projekt-Kultur zu schaffen, das heißt, das Vorhaben mit Leben zu erfüllen, es zu beleben«, stellt Maximilian Z. fest. »Haben Sie Lust, das selbst zu versuchen?

Kennen Sie die Funktionsanalyse? Sie wird üblicherweise bei der Produktentwicklung technischer Geräte vorgenommen, um die einzelnen Funktionen als Hauptkomponenten zu definieren. Doch heute wollen wir mit Einfallsreichtum vorgehen und die Funktionsanalyse auf Projekte anwenden. Die Frage lautet demnach: Welche Funktionen erfüllt ein Projekt? Da heißt, durch welche Wirkkomponenten wird das eigentliche Wesen eines Projektes bestimmt?

Und bitte, ich will jetzt nicht nur hören, dass Projekte Probleme verursachen oder das Tagesgeschäft stören. Bitte mit viel Fantasie und Schwung ran an die Funktionen! Also, was leistet ein Projekt?«

Christina C. beginnt: »Wenn ich ganz fantasievoll und fantastisch formulieren darf, könnte man sagen, ein Projekt verbindet zwei Punkte, den Beginn und das Ende. Also ist es so etwas wie ein Spannungsbogen oder wie ein Regenbogen.«

Maximilian Z. notiert »Regenbogen« auf eine Karte und heftet diese mit einer Stecknadel an den schweren Samtvorhang des Salons.

Paul W. meint: »Ein Projekt bringt uns nach vorne, zeigt uns, wo wir hinwollen, also ist es ein Fernrohr.«
Maximilian Z. notiert: »Fernrohr«.

»Es ist ein Handlungsraum, in dem die speziellen Talente von jedem Einzelnen gebraucht und gehandelt werden. Eigentlich eine Börse der Talente.«
Maximilian Z. notiert: »Talentbörse«.

»Ein Projekt ermöglicht es, dass Menschen in neuen Team-Kombinationen miteinander arbeiten, sich näher kommen. Dabei geht

Kreativ-Kompetenz Einfallsreichtum

es auch um Führen und Geführtwerden, es ist also so etwas wie ein Tanzkurs.«

Maximilian Z. schreibt »Tanzkurs« auf.

»Ein Projekt befördert uns zielstrebig über einen Ozean voll hochschlagender Wellen. Diese Wellen sind Termine, Kosten und sonstige Überraschungen. Das Projekt navigiert uns sicher ans Ziel.« Maximilian Z. notiert: »Navigation«.

»Nanu«, wundert sich Alexander R., »jetzt sind wir auf einmal doch wieder beim Bild eines Schiffes.«

»Ja, aber es ist ein wunderbares, silbernes, stolzes Schiff, und es navigiert souverän durch diesen Ozean«, erwidert Susanne K. »Und es ist unterwegs auf einer Kreuzfahrt und an Bord ist bereits richtig was los.«

Maximilian Z. strahlt: »Das klingt viel versprechend, damit steigen die Chancen, dass viele an Bord einchecken. Jetzt machen wir es uns erst einmal bequem auf diesem Vehikel.

Stellen wir uns vor, dass alles möglich ist, wir sind ja schließlich auf einer Fantasiereise. Um eine Projekt-Kultur zu erschaffen, wenden wir eine Ideen fördernde Methode an, die BBB-Technik heißt, was Belebtes-Bühnen-Bild bedeutet.

Stellen wir uns das Projekt als eine Bühne vor, aber nicht nur als ein statisches Bild, sondern als eine Erlebniswelt. Diese Welt schauen wir uns nicht nur von außen an, sondern wir gehen ganz in sie hinein, wir nehmen den Geruch wahr, wir berühren die vorhandenen Gegenstände, wir hören die Geräusche und genießen die Geschmackserlebnisse. Es gibt Menschen, die kommunizieren miteinander, es gibt bestimmte Umgangsformen, es gibt Lieblingsausdrücke. Es herrscht eine besondere Atmosphäre. Und diese versuchen wir zu erspüren, denn erst dadurch, dass wir in die Erlebniswelt des Projektes hineingehen und dabei alle Sinne mit einbeziehen, bekommt das Ganze Leben.«

Maximilian Z. nimmt die Karte mit »Navigation« vom Vorhang ab und befestigt sie mit einem Klebestreifen am Fenster.

Darunter schreibt er auf einzelne Karten:

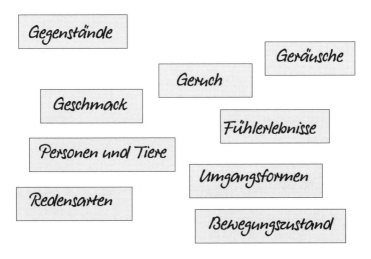

Jetzt assoziieren die Clubmitglieder zu folgenden Fragen:

Wie ist das Schiff eingerichtet?
- »An Deck gibt es die Steuerbrücke aus lackiertem Holz.«
- »Auf dem Deck stehen Liegestühle in den Farben Rot und Schwarz.«
- »Es gibt eine kleine Stehbar auf dem Deck, mit einem Akkordeonspieler.«
- »An Deck herrscht strahlend helles Tageslicht.«
- »Man kann unendlich weit sehen von Deck aus.«

- »Das Zwischendeck ist rundum verglast.«
- »In den Kabinen sind die Möbel und Wände aus dunklem Holz.«
- »Die Messingbeschläge haben Patina angesetzt.«
- »Die Einrichtung ist kompakt und zweckmäßig, alles steht am richtigen Platz.«
- »Unter Deck ist der Speisesaal, der festlich eingedeckt ist mit Silberbesteck und funkelnden Gläsern.«
- »Es gibt blitzende silberne Isolierkannen.«
- »Die Möbel sind schwarz glänzend.«
- »An den Wänden hängen Schwarzweißfotografien aus der ganzen Welt.«

Wie fühlen sich die Gegenstände an?

- »Das Holz an Deck ist rau, weil es von Sonne und Wind rissig geworden ist.«
- »Das Metall der Reling ist ganz kühl.«
- »Die Decksplanken sind nass von den überschäumenden Wellen.«
- »Die Sessel unter Deck sind bezogen mit Samt.«

Welche Geräusche gibt es auf diesem Schiff?

- »Das Schlagen der Wellen an den Bug.«
- »Das Pfeifen des Windes.«
- »Die Schreie der Silbermöwen.«
- »Tangomusik, auf einem Akkordeon gespielt.«
- »Fröhliches Lachen.«
- »Das Raunen von vielen angeregten Unterhaltungen.«

Wie riecht es auf diesem Kreuzer?

- »Nach Salzwasser.«
- »Nach Zedernholz.«
- »Da ist der Geruch von Sandelholz.«

- »Aber auch von Motoröl.«
- »Es riecht nach purer Abenteuerlust.«
- »Es riecht nach Zigarillos.«
- »Und nach Kaffee.«

Welche Geschmackserlebnisse hat man an Bord?
- »Es ist für Proviant gesorgt, in der Kombüse gibt es immer frische Sandwiches.«
- »Es gibt viele Pausen, in denen alle an den Tischen sitzen und etwas essen können.«
- »Abends gibt es Rotwein und Cognac.«
- »Man kann Geschmack finden am Unterwegssein.«
- »Also, die Crew ›hat Biss‹.«

Welche Personen und Tiere sind an Bord?
- »Der Kapitän.«
- »Ein Koch in der Kombüse.«
- »Tänzer und Tänzerinnen, in Schwarz und Rot gekleidet.«
- »Entertainer in weißem Smoking.«
- »Es sind einige erfahrene, grauhaarige Seeleute an Bord.«
- »Ein weißer Papagei plappert den ganzen Tag.«
- »Das Lieblingstier von allen an Bord ist ein Silberhamster.«

Welche Umgangsformen gibt es?
- »Das Besondere ist die Arbeit in Zweierteams.«
- »Die Zusammensetzung der Zweierteams wird rotierend verändert.«
- »Führen und Geführtwerden wechseln ab.«
- »Man lässt sich ein auf die Impulse der anderen.«
- »Es herrscht ein achtsamer, aufmerksamer Umgang miteinander.«
- »Alle übergeben sich die Aufgaben freundlich und bestimmt.«

- »Es ist ein partnerschaftlicher Austausch miteinander.«
- »Die Arbeit verläuft rhythmisch.«
- »Dabei wird auch viel gelacht.«
- »In der Kombüse treffen sich immer alle.«

Welche Redensarten werden an Bord verwendet?
- »Manchmal sagt jemand ›Tango ergo sum‹, dann lachen alle.«
- »Ein Lieblingsausdruck ist der ›Silberstreifen am Horizont‹.«
- »Morgensilber statt Morgengrauen.«
- »Reden ist Silber, Tango ist Gold.«

Welchen Bewegungszustand hat das Schiff?
- »Das Schiff fährt sicher über den Ozean, nicht besonders schnell, aber stetig.«
- »Es fährt einen leichten Zickzackkurs, der geringfügige Abweichungen korrigiert.«
- »Das Schiff legt zwischendurch für Proviant und neue Ressourcen an.«
- »Es fährt Tag und Nacht, weil immer jemand Wache hält.«

Maximilian Z. wendet sich an Susanne K.: »Können Sie uns die Projekt-Kultur auf diesem Schiff denn jetzt beschreiben?«

»Auf jeden Fall«, antwortet Susanne K. begeistert. »Ich bin ja längst an Bord. Es ist ein schnittiges zuverlässiges Schiff auf einem silbernen Ozean. Die Besatzung ist gut eingestimmt, was daran liegt, dass das Schiff ein klares Ziel hat. Besonders die Arbeit in Zweierteams funktioniert gut. Wobei diese in der Besetzung rotieren, so dass es nicht langweilig wird und sich auch keine Betriebsblindheit einschleichen kann.

Es ist für Proviant und genügend Unterstützung gesorgt. Manchmal ist die Stimmung so fröhlich und übermütig, dass auf kleinstem

Raum Tango getanzt wird. Und überhaupt, das Schiff heißt SILVER TANGO, weil es unterwegs ist auf einer Kreuzfahrt und weil ›Tango‹ das Leitmotiv ist. Der Schiffsname ist Programm. Es geht darum, in Berührung zu kommen und zu bleiben. Und es berührt schließlich auch alle, was aus dem Schiff während seiner Reise wird.

Das Projekt heißt genauso, denn mit dem Namen SILVER TANGO kann ich auch erklären, was wir erreichen. Es geht darum, uns in die Erlebniswelt der 50$^+$-Generation hineinzudenken, ihre Erfahrung wertzuschätzen und ihre Abenteuerlust zu verstehen. Es geht um den Spaß daran, immer wieder Grenzen zu überschreiten, schließlich gibt es auf dem Ozean keine Zebrastreifen.«

»Das klingt ja fast schon wie ein Werbespot für Parfüm.« Alexander R. ist beeindruckt.

»Genau«, sagt Susanne K., »schließlich habe ich mich jetzt wirklich in das Projekt hineingedacht.«

Und Maximilian Z. erklärt: »Also ist hier die fantasievolle Erzeugung neuer Sinnzusammenhänge geglückt, und so ist Leben ins Projekt gekommen. Und nachdem jetzt Leben hineingekommen ist, brauchen wir noch Struktur im Projekt. Es geht nun darum, den Handlungsrahmen entsprechend Ihrer Handlungsbefugnis als Projektleiterin abzustecken.

Wenn Ihr Chef von Ihnen unternehmerisches Handeln erwartet, dann soll er es bekommen. Dann verhalten Sie sich auch wie eine Unternehmerin. Immerhin sind Sie als Projektleiterin diejenige, die das Projekt steuert.«

»Worauf wollen Sie denn jetzt noch hinaus?«, fragt Susanne K.

»Auf das Instrumenten-Repertoire der Projekt-Steuerung«, erwidert Maximilian Z. »Die laufende Beobachtung und Überwachung aller Faktoren ist die Überlebensversicherung für ein Projekt. Denn Sie haben es ja sicher schon selber erlebt: Auch die präziseste Projektplanung kann nicht alle Faktoren vorhersehen, die das Projekt tatsächlich beeinflussen werden. Wenn Unvorhergesehenes geschieht, und das ist in Projekten fast die Regel, kann sich das gesamte Projektgefüge verändern. Also sollte – ganz neutral, wertfrei und ohne Schuldzuweisung – das Geplante verglichen werden mit der entstandenen Situation. Das Soll wird dem Ist gegenübergestellt. Aus diesen Abweichungen ziehen wir Rückschlüsse und können dann korrigierend, das heißt steuernd, eingreifen.

Die minimalste Grundstruktur an Überprüfung ist der Meilenstein-Check. Ein Meilenstein ist ein überprüfbares Zwischenergebnis, das inhaltlich und zeitlich definiert ist. Meilensteine strukturieren die Projektarbeit, indem sie Etappen auf dem Weg des Projektes markieren. So dienen sie als Orientierungspunkte und ermöglichen eine Gesamtbeurteilung des Projektes. An jedem Meilenstein setzen Sie die verstrichene Zeit und die erreichten Ergebnisse in Bezug zueinander, wodurch Sie einen Überblick über die noch verbleibende Zeit und die noch zu erreichenden Ergebnisse erhalten. So erkennen Sie frühzeitig starke Kursabweichungen.

Es empfiehlt sich allerdings, das Verhältnis zwischen Soll und Ist häufig zu überprüfen, um dann bei Bedarf steuernd eingreifen zu können. Wenn Ihnen durch verschiedene Ereignisse die Projektplanung verrutscht, wenn also das, was Sie mühsam recherchiert und zu einer Planung zusammengebaut haben, nicht mehr gilt, dann heißt es, trotzdem ›die Kurve zu kriegen‹.

Wenn allerdings, wie es bei Ihnen der Fall ist, ein Projekt von Anfang an keinerlei Planung hat, es also gar keine Meilensteine geben kann, dann ist es umso notwendiger, über ein Repertoire an Steuerungsmechanismen zu verfügen.« Er schlägt seinen Taschenkalender auf:»Hier habe ich mir ein Zitat von Jean Paul Blum aufgeschrieben, das genau das ausdrückt: ›Eine solide Planung ist die beste Basis für eine geniale Improvisation.‹ So und jetzt zum genialen Improvisieren, was für uns konkret Projektsteuerung bedeutet. Ein Projekt zeichnet sich dadurch aus, dass es etwas Neues, Einmaliges ist. Es gibt ein definiertes Sachziel, das in einem begrenzten Zeitrahmen mit begrenzten Ressourcen erreicht werden soll. Dies soll durch eine projektspezifische Organisation bearbeitet werden und eben nicht routinemäßig. Dieses Zusammenspiel der Projektziele wird üblicherweise dargestellt in einem gleichschenkligen Dreieck.«

Maximilian Z. zeichnet ein Dreieck auf ein Blatt Papier, das auf dem Tisch liegt, und erläutert es:

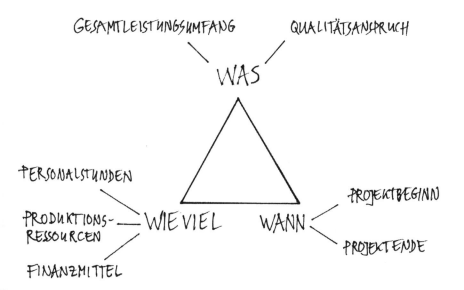

»**WAS**?, das Inhaltsziel, beinhaltet den Gesamtleistungsumfang und den Qualitätsanspruch.

WIE VIEL?, das Aufwandsziel, beinhaltet den Aufwand an Personalstunden (also das, was Sie selbst und die anderen Projektbeteiligten leisten), den Aufwand an Produktionsressourcen, (also das, was Sie an technischen Geräten, Produktionsmitteln, Sachmitteln dafür brauchen) sowie den Aufwand an Finanzmitteln.

WANN?, das Zeitziel, beinhaltet den Zeitpunkt, zu dem das Projekt abgeschlossen sein muss.

Im Spannungsfeld dieses Dreiecks soll von Anfang an eines dieser Ziele mit der Priorität eins versehen werden – dieses Ziel ist das wichtigste und muss in jedem Falle erreicht werden, weil andernfalls das ganze Projekt sinnlos würde. Denn es ist, wie Ihnen allen geläufig sein dürfte, höchst unrealistisch, zu erwarten, dass alle Ziele genau so erreichbar sind, wie sie zu Beginn des Projektes definiert wurden. Tatsächlich konkurrieren diese Ziele miteinander.

Es gilt also für jedes Projekt individuell zu klären, was die essentielle Priorität Nummer eins ist.

In Susanne K.s Projekt ist es mit Sicherheit das Zeitziel, weil der Abteilungsleiter ja verkündet hat, dass bis zum Jahresende die Ergebnisse vorliegen müssen. Denn sonst sind erhebliche Probleme mit der Geschäftsleitung abzusehen.

Wenn Unvorhergesehenes eintritt, muss also versucht werden, dieses Zeitziel zu erreichen, und zwar, wenn notwendig, auf Kosten der anderen Ziele.«

Maximilian Z. findet eine weiße Papiertischdecke und breitet sie auf dem Tisch aus. Darauf zeichnet er eine Matrix.

BEI DER GEFÄHRDUNG VON:

		G1	G2	G3	G4	G5	G6
GESAMTLEISTUNGSUMFANG	S1		X	X	X	X	X
QUALITÄTSANSPRUCH	S2	X		X	X	X	X
PERSONALSTUNDEN	S3	X	X		X	X	X
PRODUKTIONSRESSOURCEN	S4	X	X	X		X	X
FINANZMITTEL	S5	X	X	X	X		X
PROJEKTENDE	S6	X	X	X	X	X	

(STEUERN ÜBER: senkrechte Achse S1–S6; Spaltenköpfe G1–G6: GESAMTLEISTUNGSUMFANG, QUALITÄTSANSPRUCH, PERSONALSTUNDEN, PRODUKTIONSRESSOURCEN, FINANZMITTEL, PROJEKTENDE)

»Dies ist die Steuerungsmatrix des Projekt-Management.

Bei der Gefährdung des Zieles auf der waagrechten Achse kann die Steuerung erfolgen über die senkrechte Achse.

Die waagrechte Achse zeigt die Größen in einem Projekt, deren Verwirklichung gefährdet sein kann:

G1 bedeutet Gefährdung des Gesamtleistungsumfanges, das heißt der vorher definierte Leistungsumfang scheint nicht vollständig erreichbar.

G2 bedeutet Gefährdung des Qualitätsanspruches, das heißt, der vorher definierte Qualitätsanspruch scheint nicht erreichbar.

G3 bedeutet Gefährdung der Einhaltung der Personalstunden, das heißt, die vorher definierte Anzahl an Personalstunden scheint nicht auszureichen.

Kreativ-Kompetenz Einfallsreichtum

G4 bedeutet Gefährdung der Einhaltung der Produktionsressourcen, das heißt, der vorher definierte Umfang an Nutzung der Produktionsressourcen scheint nicht auszureichen.

G5 bedeutet Gefährdung der Einhaltung der Finanzmittel, das heißt, das vorher definierte Finanzlimit scheint nicht auszureichen.

G6 bedeutet Gefährdung der Einhaltung des Projektendes, das heißt, der vorher definierte Zeitpunkt scheint nicht haltbar.

Auf der waagrechten Achse sind die prinzipiell möglichen Steuerungsmechanismen verzeichnet:

S1 bedeutet die Verringerung des Gesamtleistungsumfangs.
S2 bedeutet Senkung des Qualitätsanspruchs.
S3 bedeutet Erhöhung der Personalstunden.
S4 bedeutet Erhöhung bzw. Erweiterung der Produktionsressourcen.
S5 bedeutet Erhöhung der Finanzmittel.
S6 bedeutet Verschiebung des Projektendes.«

»Das möchte ich gerne konkreter«, sagt Susanne K.

Die Clubmanagerin schlägt vor: »Machen wir ein Fantasiespiel daraus. Stellen wir uns vor, dass wir uns alle gemeinsam in einem Projekt befinden. Nehmen wir eine Projektsituation, die genauso wie Ihr Projekt einen Zeitengpass hat. Und im Sinne einer Fantasieübung stellen wir uns das folgende Szenario vor: Sie wissen ja, dass es in zahlreichen anderen Ländern Club-Dependancen gibt, der Club K.U.N.T.E.R.B.U.N.T. also als weltweites Netzwerk agiert.

Es ist Sommer, wir sind, wie jeden Donnerstagabend, hier versammelt und wir erwarten am darauf folgenden Samstag um 14.30 Uhr eine Delegation unseres Clubs aus Spunkasien zum kulturellen Austausch.

Das Projekt besteht darin, dass der Garten rund um diesen Club kunterbunt werden soll, um die Gäste zu überraschen. Es soll eine bunte Inszenierung im Sinne einer kulturellen Vielfalt geboten werden, getragen von einer fröhlichen Stimmung. Man soll von weitem schon sehen, dass hier etwas los ist.

Nun das Projekt im Einzelnen«, sagt die Clubmanagerin und schreibt auf ein Stück Packpapier:

WAS?

Das Sachziel hat:

den Gesamtleistungsumfang von 1000 qm Garten mit Rasen, Büschen und Bäumen. Der Rasen soll gemäht werden, die Büsche und Bäume sollen in Form gebracht und dekoriert werden.

den Qualitätsanspruch: der Rasen soll gepflegt sein wie auf dem Golfplatz, die Bäume sollen gepflegt und so bunt sein, wie ich es in einer dieser Landschaftsarchitektur-Illustrierten neulich gesehen habe.

WIE VIEL?

Das Aufwandsziel beinhaltet:

den Aufwand an Personalstunden, es sind insgesamt fünf Zeitstunden eingeplant,

den Aufwand an Produktionsressourcen, also das, was wir hier vorrätig haben: eine Sense, zwei Heckenscheren und alle bunten Gegenstände, die hier im Salon liegen,

sowie den Aufwand an Finanzmitteln, da besteht zurzeit ein Vakuum, dazu haben wir nichts eingeplant.

WANN?

das Zeitziel beinhaltet den Zeitpunkt, zu dem das Projekt abgeschlossen ist, und der ist unwiderruflich Samstag um 14.30 Uhr, weil da die Gäste kommen.

Wir haben jetzt eine vergleichbare Situation wie Susanne K., das heißt das Zeitziel ist bedrohlich nahe gerückt. Und das Zeitziel hat die Priorität eins, weil nämlich die Gäste pünktlich erscheinen. Wenn wir am Samstag um 14.29 Uhr noch beim Aufbau sind und der Garten unfertig wirkt, dann ist dieses Projekt gescheitert. Halten Sie es für realistisch, dass wir das bis Samstag mit dieser Ausstattung und mit insgesamt fünf Stunden Arbeit schaffen?«

Alle Clubmitglieder schütteln den Kopf.

»Wenn bei einer Grobschätzung bereits abzusehen ist, dass es so wie geplant nicht funktionieren wird, dann ist unser Einfallsreichtum gefragt.

Jetzt testen wir die Steuerungsmatrix des Projekt-Managements und entwickeln Handlungsszenarien, wie wir das Zeitziel noch erreichen können. Dabei bewerten wir diese Ideen zu diesem Zeitpunkt noch nicht, sondern wir versuchen, uns vielfältige und greifbare grundsätzliche Möglichkeiten auszudenken. Erst später, wenn wir alle Möglichkeiten gedanklich ausgeschöpft haben, dann können wir uns entscheiden. Also, es geht los:

S1 bedeutet die **Verringerung des Gesamtleistungsumfanges**, bitte Ideen hierzu.«

»Wir beschließen, dass nur alles in einem Umkreis von zehn Metern rund um die Villa gestaltet wird, den übrigen Garten lassen wir so wie er ist.«

»Wir trennen die Hälfte des Gartens mit bunten Tüchern ab und dekorieren nur die halbe Fläche, also fünfhundert Quadratmeter.«

»Wir dekorieren nur die Veranda als Herzstück des Club K.U.N.-T.E.R.B.U.N.T.«

»**S2** bedeutet **Senkung des Qualitätsanspruches**, bitte Vorschläge dazu.«

»Wir orientieren uns nicht mehr am Golfplatzniveau, sondern wir lassen den Rasen wie er ist.«

»Wir verfassen eine Proklamation ›wild is beautiful‹ und plädieren für den kunstvoll ungepflegten Garten. Dann hängen wir alles auf, was sich hier im Salon befindet und – fertig.«

»**S3** bedeutet **Erhöhung der Personalstunden**, was können wir da unternehmen?«

»Wir beschließen, dass alle den ganzen Freitag hier im Garten arbeiten, damit wir es gemeinsam schaffen, und erhöhen die Personalstundenzahl auf insgesamt fünfzig Stunden.«

»Wir losen aus, wer die Nacht durcharbeiten soll.«

»Wir vereinbaren, dass jede und jeder von uns morgen Nachmittag um 16.00 Uhr eine weitere Person mitbringt, die drei Stunden hilft.«

»Wir schreiben eine Instant-Praktikumsstelle für Garteninszenierung aus und finden heute Abend noch jemanden, der ein 48-Stundenpraktikum macht.«

»Wir engagieren einen Gartenarchitekten, der das Ganze bis zum Samstag übernimmt.«

»**S4** bedeutet **Erhöhung bzw. Erweiterung der Produktionsressourcen**. Welche Möglichkeiten fallen Ihnen dazu ein?«

»Wir leihen uns noch vier zusätzliche Heckenscheren von den Nachbarn aus.«

»Alle suchen bei sich zu Hause nach weiterem Werkzeug.«

»Wir besorgen uns einen elektrischen Rasenmäher.«

»Wir leihen eine Leiter zum Dekorieren der Bäume.«

»Wir bringen Dekoration von zu Hause mit.«

»**S5** bedeutet **Erhöhung der Finanzmittel**, ich bitte dazu um Ihre Einfälle.«

»Wir erfinden die K.U.N.T.E.R.B.U.N.T.-Aktie, verkaufen sie hier clubintern und vom Erlös schaffen wir einen elektrischen Rasenmäher an.«

»Wir graben im Garten und hoffen, dass wir einen Koffer voller Goldmünzen finden.«

Die Clubmanagerin fragt Maximilian Z.: »Sind das genügend einfallsreiche Steuerungsansätze?«

Maximilian Z. nickt: »Ja, allerdings, und jetzt, wo wir diese Fülle an Möglichkeiten angedacht haben, können wir beurteilen und auswählen, welche Steuerungsmaßnahme bzw. welche Kombination von Steuerungsmaßnahmen sinnvoll und realistisch ist.

Was mich noch interessiert, welche der Möglichkeiten würden Sie als Projektleiterin dieses imaginären Projektes denn bevorzugen?«

Die Clubmanagerin schmunzelt: »Ich kann mir gut vorstellen, die Proklamation für den kunstvoll ungepflegten Garten zu kombinieren mit der Schatzsuche im Garten, dann sind die Gäste gleich beschäftigt, und es macht auch noch Spaß.«

Maximilian Z. bedankt sich bei der Clubmanagerin und fährt fort: »Jetzt können Sie, Susanne, an Ihrem Projekt ebenfalls die Steuerungsmechanismen in einem gedanklichen Vorlauf erproben und dann entscheiden, welche davon Sinn für Sie machen.

Oft ist es eine Kombination von Steuerungsmaßnahmen, denn wenn wir beispielsweise in dem fiktiven Beispiel den Gartenarchitekten beauftragen würden, dann bräuchten wir ja auch wesentlich erhöhte Finanzmittel, um ihn bezahlen zu können.«

Susanne K. fragt nach: »Gut, verstanden habe ich das Prinzip, und es leuchtet mir auch ein. Aber was ist, wenn die Mittel oder Ressourcen dafür nicht freigegeben werden?«

Maximilian Z. zuckt mit den Achseln: »Dann gibt es noch zwei Möglichkeiten, die erste ist: Susanne K. macht so weiter wie bisher, dann ist heute schon abzusehen, dass sie in fünf Wochen keine akzeptablen Ergebnisse vorweisen kann. Es ist fraglich, ob sie überhaupt ein Ergebnis hat. Es ist relativ einfach, sich vorzustellen, wem das letztlich schadet.

Die zweite Möglichkeit ist, die extremste Form der Projektsteuerung anzuwenden, selbstverständlich nur, wenn sonst überhaupt nichts mehr geht, den Projektabbruch.

Das bedeutet, die wahrscheinliche weitere Entwicklung des Projektes hochzurechnen, wobei vor allem der Schaden, der durch ein schlecht zu Ende gebrachtes Projekt entstehen könnte, erkennbar sein muss. Wenn also in Ihrem Fall zum Jahresende ein ganz dünnes Ergebnis präsentiert wird, von dem sich die meisten in der Abteilung distanzieren, ist es imageförderlicher und auch ökonomisch wesentlich günstiger, dieses Projekt zu beenden, ohne das Sachziel erreicht zu haben, als es so schlecht zu Ende zu bringen und dabei noch weiterhin Arbeitskapazität und Ressourcen zu vergeuden. Das sollte auch dem Abteilungsleiter einleuchten.«

Susanne K. beginnt langsam wieder zu ihrem eigentlichen lebensfrohen Wesen zurückzufinden: »Das ist es! Gleich morgen früh werde ich die Rahmenbedingungen des Projektes mit dem Abteilungsleiter aushandeln. Ich will ihn informieren, dass ich nun handle wie eine Unternehmerin. Ich werde die wirklich notwendige Unterstützung inklusive der notwendigen Mittel einfordern. Wenn er einwilligt, dann nehme ich das Steuer in die Hand.
Und dann werde ich die Teammitglieder zusammenrufen und die Projekt-Kultur SILVER TANGO auf nachvollziehbare Art vorstellen und mit Leben erfüllen.«

»Damit können Sie den Teammitgliedern überzeugend nahe bringen, dass das Projekt SILVER TANGO eine Chance verdient«, bestätigt Maximilian Z.

Christina C. meint: »Was sicherlich auch positiv überzeugen wird, sind die fantasievollen Namen, die Sie jetzt für das Projekt gefunden haben. Damit können Sie sicher eine Atmosphäre schaffen, die dazu motiviert, an Bord zu gehen. Ich meine damit eine positive Aufbruchstimmung, so etwas ›Reisefiebriges‹.«

Maximilian Z. fasst noch einmal zusammen: »Der gewandte Umgang mit Worten und Sprachwitz kann ein sehr wirkungsvolles Instrument für die Überzeugungsarbeit sein. Denn Sie verkaufen ja eine Vision, die die anderen sich vorstellen können sollen. Dafür kann eine bildhafte Sprache eingesetzt werden. Die neuen fantasievollen Sinnzusammenhänge, die wir heute Abend hier erarbeitet haben, werden Ihnen nutzen bei der Überzeugung und beim Verkauf, also beim internen Marketing für Ihr Projekt.«

Susanne K. bedankt sich erleichtert bei der Clubmanagerin und den Gästen für den fantastischen Abend.

Auf ihrem Rückweg denkt sie darüber nach, dass jedes Problem gelöst werden kann, wenn man sich ihm mit Einfallsreichtum und Improvisationstalent widmet. Denn dies sind wesentliche Voraussetzungen dafür, im Alltag erfolgreich zu bestehen. Und mehr noch, Einfallsreichtum ist ein Grundpfeiler menschlicher Zufriedenheit – beruflich wie privat.

Wie gut, dass sie den Einfall gehabt hatte, sich im Club K.U.N.-T.E.R.B.U.N.T. zu engagieren!

Das vierte Kreative Abenteuer
Kreativ-Kompetenz Mut

»Mut tut gut!«, »Ich vertrau auf mich!« und »Es ist nie zu früh!« – das sind die Anzeigentexte, die Piero D. gerade ins Auge fallen, als er gedankenverloren das vor ihm auf dem Schreibtisch liegende Wochenmagazin durchblättert. Da steht es also auch schon wieder schwarz auf weiß. Es kommt ihm fast so vor, als wolle ihn heute alles und jeder an seine momentane Entscheidungsunfähigkeit erinnern und ihm bewusst machen, dass er sich in seinen Zweifeln festgefahren hat.

Wütend klappt er die Zeitschrift zu und wirft sie in die Ecke. Jetzt ist Schluss mit Selbstmitleid und Passivität. Er muss hier raus, wenn er nicht in düsteres Trübsalblasen versinken will. Am besten, er geht heute zu Fuß zum Club K.U.N.T.E.R.B.U.N.T. und nutzt sofort die Gelegenheit, um seine Misere zu erzählen und sich Anregungen zu holen. Entschlossen nimmt er Jacke und Schal und stapft durch Schnee und Kälte in Richtung Villa. Die Leuchtschrift begrüßt ihn mit:

Klugheit Unterstützung Nettigkeiten Themen Entscheidungen Rettende Ideen Batterien aufladen Unternehmungslust Neustart Tatkraft . . . . .

Der Duft von Gewürzen und Glühwein schwebt durch das gesamte Haus. Die heißen Maronen passen herrlich zu diesem winterlichen Clubtreffen und erinnern ihn an gemütliche Erzählabende im Kreis seiner Familie, als er noch ein kleiner Junge war. Heute ist Piero D. vierzig Jahre alt und steht zurzeit an einem Weichen stellenden Punkt seines Lebens.

Er beginnt zu berichten: »Wie einige von Ihnen schon wissen, stehe ich gerade vor der Gründung einer Agentur. Nach fünfjährigem Aufenthalt in Südamerika als Entwicklungsingenieur bei einem Automobilhersteller möchte ich mir nun einen lange gehegten Wunsch erfüllen: endlich selbständig sein, Freiräume haben, mein eigener Chef sein. Meine Erfahrungen und Erkenntnisse aus dem Auslandsaufenthalt will ich jetzt als selbständiger Berater für interkulturelle Kompetenz weitergeben. Natürlich soll dieser neue Lebensabschnitt zum Erfolg führen und keinen Hobbycharakter bekommen. Vieles geht mir bei der Erstellung des Businessplans durch den Kopf. Gute Ideen habe ich schon, doch fällt es mir schwer, meine Gedanken und Ideensplitter in eine Struktur zu bringen. Und außerdem beschleicht mich in den letzten Wochen immer wieder eine leise, doch nagende Unsicherheit: Ist die Geschäftsidee wirklich so gut?

Was, wenn es mir und meinem Kompagnon nicht gelingt, auf dem Markt zu bestehen?

Erst mal anfangen und dann sehen, wie sich alles entwickelt – hat mein Bekannter, Felix K., geraten. Aber der hat leicht reden. Er ist bereits seit drei Jahren selbständig und hat sich mit Übersetzungsdienstleistungen etabliert. Allerdings ist Felix K. ein ganz anderer Typ: ein typischer Macher, fast schon ein bisschen draufgängerisch, aber immer wild entschlossen und tatkräftig. Keine Herausforderung ist ihm zu groß, es scheint, als gelinge ihm einfach alles, was er anpackt. Zweifel und Ängste scheinen ihm vollkommen fremd. Mut zum Risiko und eine ›Trial-and-error‹-Mentalität bestimmen sein Wesen. Hauptsache etwas ausprobieren – wenn Fehler gemacht werden, dann ist man wenigstens hinterher schlauer und kennt die Ansatzpunkte zur Verbesserung.

Da bin ich doch schon ganz anders: Mir schwirrt der Kopf von den vielen Fragen, die ich immer wieder kreisen lasse und mit denen ich mich quäle.

Je mehr ich über mein Vorhaben nachdenke, umso mehr Fragen gehen mir durch den Kopf, auf die ich noch keine Antworten weiß.

Gespräche mit meinem Geschäftspartner, der Familie und meinen Freunden haben leider auch nicht weitergeholfen: Statt mich zu bestätigen und zu ermutigen, bin ich jedes Mal noch verunsicherter durch die neu aufgeworfenen Fragen.

Vielleicht ist es einfach noch zu früh für diesen entscheidenden Schritt in die Selbständigkeit?

Und zudem in der heutigen Zeit, bei dieser schwierigen Wirtschaftslage…

Wie kann ich mir denn da nur einbilden, ich könnte auf die Sicherheiten des Angestelltendaseins verzichten? Am Ende bin ich gar keine gute Besetzung für einen Unternehmer? Vielleicht kann ich doch nicht aus meiner Haut, ich bin eben eher ein Grübler und Denker.« Piero D. holt tief Luft.

Die Clubmanagerin nutzt seine Atempause: »Kritisches Infragestellen ist ja auch sinnvoll, doch muss man dabei genau aufpassen, dass man nicht in Endlosschleifen landet, die einen hindern, endlich anzufangen.«

Piero D. fährt fort: »Unternehmer unternehmen etwas – das war die Headline einer Messe für Existenzgründer. Eben! Und was tue ich? Nichts als denken und grübeln. Wie kann es mir da gelingen, die Kreativitätsvampire zu überwinden, die meine Entschlusskraft schwächen? Wie werde ich die quälenden Selbstzweifel los? In meinem Job als Entwicklungsingenieur war ich doch auch nicht so entscheidungsunfreudig!

Was ist bloß derzeit mit mir los? Diese Frage hat mir mein Kompagnon wütend an den Kopf geworfen, als wir uns beim letzten Planungstreffen sehr hitzig auseinander gesetzt haben und er am Ende aufgebracht das Büro verließ.

In den letzten Wochen bekommen wir uns sowieso immer öfter in die Haare, weil mein Kompagnon mir vorwirft, ich wolle gar nicht wirklich den Schritt in die Selbständigkeit wagen, ich mache immer alles mies und meine ewige Kritik an den Details im Businessplan seien nichts als notorische Nörgelei. Mit einem derart zögerlichen Zweifler und Verhinderer könne man offenbar doch keine Geschäfte machen!«

Sofia W. reagiert als Erste: »Vor einiger Zeit habe ich an einem Donnerstagabend meinen Fall geschildert. Erinnern Sie sich noch? Damals ging es um das Phänomen Widerstand in Veränderungsprozessen. Und Ihr Zögern, lieber Piero, Ihre Zweifel und Bedenken lassen sich ähnlich interpretieren. Auch wenn es nicht um einen so komplexen Veränderungsprozess wie in einer mittelständischen Organisation geht, so sind die Veränderungen, die in Ihrem Leben anstehen, aus Ihrer Perspektive betrachtet, nicht minder einschneidend. Mir scheint, wir sollten zunächst einmal überlegen, was es mit dem Phänomen Widerstand auf sich hat. Denn schließlich merkt man Ihrer Schilderung ja an, dass Sie ins Zweifeln und Zögern geraten sind und im Moment eher widerstehen wollen als etwas unternehmen.«

Piero D. nickt zustimmend: »Wenn ich es mir genau überlege, so hat mein Problem wirklich viel mit einem persönlichen Veränderungsprozess zu tun. Die beschriebenen Zweifel und Ängste erweisen sich als hinderlich und lähmend. Und mein Perfektionismus kommt noch dazu. Ich bin in meiner Entschlusskraft und meinem Tatendrang entscheidend gebremst. Mein Innerstes wehrt sich offenbar noch dagegen, trotz sorgfältiger Planung ein neues Betätigungsfeld, das gleichzeitig einen neuen Lebensabschnitt darstellt, zu betreten. Ich bin an meine Grenzen gestoßen und ich verspüre schreckliches Unbehagen. Die vielen Fragezeichen haben die Verunsicherung verschlimmert und mich handlungsunfähig gemacht.«

»Und dabei sind Sie in einen ›Teufelskreis‹ geraten. Sie versuchen Unsicherheit mit noch mehr Informationen zu bekämpfen und stehen nun vor einem Berg von Fragen und Informationen. Wie Sie diese ordnen und strukturieren sollen, wissen Sie selbst nicht mehr. Ihr Streben nach mehr Sicherheit durch vertiefende Informationen hat das Gegenteil bewirkt – Sie empfinden Überforderung statt Sicherheit, wenn ich richtig verstanden habe, was Sie soeben erzählten«, stellt Alfons E. fest.

Und Christina C. merkt an: »Bei jeder äußeren Veränderung geht es doch immer auch um eine Veränderung des eigenen künftigen Verhaltens. Es kann keine Veränderung im eigenen Umfeld geben, an der man so absolut gar nicht beteiligt wäre, und sei die Veränderung auch noch so unbedeutend. Doch in Ihrem Fall handelt es sich ja durchaus um einen einschneidenden Wechsel. Es geht schließlich um einen kreativen Start in eine neue Existenz, Ihre Existenz. Die Zukunft, die vor Ihnen liegt, ist ungewiss. Sie wissen nicht im Voraus, ob Sie wirklich erfolgreich sein werden und wie Sie dieses Ziel sicherstellen können. Sie kennen ja den Spruch: ›Hinterher sind wir alle immer schlauer‹. Und genau diese Unsicherheit ist es, die uns zögern lässt und uns durchaus auch Angst macht, neue Wege zu gehen. Es ist ja nicht so, dass manche Menschen prinzipiell veränderungsresistent sind. Niemand ist ablehnend um der Ablehnung willen. Die Hürde ist in den meisten Fällen die Überwindung von Ängsten unterschiedlicher Art.

Veränderungen bedeuten eben auch, dass die davon Betroffenen sich in einem kreativen Lernprozess befinden. Schließlich geht es um Neues, und da man das noch nicht kennt und im Griff hat, muss man erst wieder Erfahrungen machen, bewährte und bekannte Verhaltensweisen überprüfen und teilweise auch verabschieden. Und jeder muss lernen, mit der Angst vor dem Neuen umzugehen und diese zu überwinden. Das ist ein ganz persönlicher Lernprozess und wir alle wachsen daran.

Lernen vollzieht sich nun mal nicht rolltreppenartig – gerade eben auf die erste Stufe gestiegen und schon ganz bequem und gemütlich langsam und direkt oben angekommen, fast wie von selbst. Es ist schon auch Arbeit und bei dieser Auseinandersetzung mit dem bevorstehenden Neuen kommt es nicht selten vor, dass man sich wie festgefahren, wie in einem Teufelskreis fühlt. Lernen ist ein spiralförmiger und kein linearer Prozess, doch es ist sicherlich eines der aufregendsten Abenteuer, das Menschen erleben können. Oft benötigt man nur einen guten Kompass, um aus dem Teufelskreis wieder rauszukommen – um im Bild zu bleiben.«

Alfons E. schließt mit seiner Vermutung an: »Was Ihnen derzeit fehlt, ist eine klare Priorisierung der Aspekte, die Ihre Entscheidung unterstützen. Sinnvoll ist jetzt ein Kriterienkatalog, der Ihnen verdeutlicht, welche Aspekte in welchem Maße bei der Entscheidung für Ihre Geschäftsidee zu berücksichtigen sind und gleichzeitig Ihr subjektiv empfundenes Risiko zum Ausdruck bringen. Erst wenn Sie dies klar herausdestilliert haben, können Sie auf dieser Basis handeln und haben die notwendige Orientierung für eine ausreichend reflektierte Entscheidung. Und erst dann kann sich Ihre Blockade lösen und gelangen Sie wieder zu Entschlusskraft.«

»Das klingt einleuchtend«, erwidert Piero D. »Aber zuerst möchte ich mehr über das Phänomen Widerstand erfahren – zumindest emotional habe ich es ja schon an mir selber kennen gelernt. Eine inhaltliche Reflexion könnte mir bestimmt nützliche Ansatzpunkte für mein weiteres Verhalten liefern.«

Sofia W.s Blick fällt auf ein orangefarbenes Buch im Bücherregal des Clubs. Sie erkennt es allein am Buchrücken, so oft hat sie in den letzten Jahren immer wieder darin gelesen. Es zählt zu einer der interessantesten Publikationen der Managementliteratur, die sich mit Veränderungsprozessen befassen. Sie zieht das Buch aus der dicht gedrängten Regalreihe heraus. Mit gezieltem Griff schlägt sie es auf und liest die markierte Textstelle für alle Anwesenden vor:

›Widerstand kann psychologisch wie folgt definiert werden: Es ist der Schutz des Individuums vor Identitätsverlust und eine Barriere gegen Veränderungen, die als Intervention in das bisherige Denk- und Verhaltensmuster begriffen werden. Widerstand drückt somit ein Bedürfnis nach Beharrungsvermögen und Stabilität gegenüber Veränderungen in sozialen Systemen aus. Widerstand ist Ausdruck von subjektiv empfundenen Risiken und Ängsten.

Er kann sich dabei in unterschiedlichen Erscheinungsformen äußern. Offener Protest, mangelnde Gesprächsbereitschaft bis hin zu Verweigerung sind die massiven Formen. Doch gibt es auch verdeckte Formen, die viel schwerer zu erkennen sind: Ausweichen, Gleichgültigkeit, gezielte Fehlinformation, Duldung, innere Kündigungshaltung.

Auch können Widerstände den Betroffenen selbst gar nicht bewusst sein, sich also somit auch nicht unmittelbar äußern. Diese Widerstandsform teilt sich nur zögerlich und mittelbar mit, doch sie ist zugleich in ihrer Wirkung als Beharrungskraft problematischer, weil sie oft unerwartet und meist schon in späten Phasen der zu realisierenden Neuerung eintritt. Beispiele hierfür sind: Hochhalten von Traditionen und Tabus, Verleugnen von Problemen, Überanpassung und übereifriges Akzeptieren, widerstandsloses Hinnehmen jeglicher Umstände, Hervorhebung betont sachlicher Argumente. Prinzipiell ist zwischen emotional begründetem und rational begründetem Widerstand zu unterscheiden.

Während rational begründeter Widerstand relativ leicht durch sachliche und gezielte Informationspolitik reduziert werden kann, ist emotional begründeter Widerstand weitaus komplexer. Hierbei ist zunächst zu ergründen, ob die genannten Einwände und Befürchtungen eher Vorwände sind, um das gesamte Vorhaben, welches Ängste auslöst, zu boykottieren. Emotional bedingte Einwände müssen zudem auch in ihren subtilen Erscheinungsformen äußerst sensibel wahrgenommen und aufgespürt werden. Forsches Verordnen nach dem Motto ›Wen wir nicht überzeugen, den stellen wir einfach vor vollendete Tatsachen‹ hilft hier nicht weiter, sondern verschärft die Situation.«

Alexander R. meint: »Das sind ja sehr interessante Aspekte und Hintergrundinformationen. Es zeigt, dass Widerstand eigentlich keineswegs nur lästig und unangenehm ist, sondern dass er auch wichtige Informationen und die Chance bietet, eventuelle ›Kinderkrankheiten‹ und Risiken des neuen Vorhabens kritisch, aber dennoch konstruktiv zu überprüfen. Und Veränderung geschieht nun einmal immer im Spannungsfeld ganz unterschiedlicher Interessen. Der Vorteil des einen kann dabei leicht der Nachteil des anderen sein. Allein dadurch, dass Probleme und Befürchtungen nicht angesprochen werden, sind sie ja nicht weniger existent. Lieber mit offenen Karten spielen, als sich hinterher über stille Verweigerung zu wundern! Das ist der erste Schritt zum risikobewussten, das heißt eigentlich zum risikoverträglichen Handeln.«

Piero D. schaltet sich in die Unterhaltung ein: »Ja, das stimmt. Ich sollte mir zur Vorbereitung des nächsten Planungstreffens mit meinem Kompagnon auf jeden Fall Gedanken über meine Beweggründe für mein Zögern und Kritisieren machen. Ich wüsste gerne, was mich so ängstigt oder zweifeln lässt, und möglicherweise entdecke ich auf diese Weise ja auch schon Optimierungspotenzial an unserer Geschäftsidee. Aber wie kann ich meine Beweggründe besser verstehen?«

»Nun«, sagt Sofia W., »am besten Sie analysieren die Widerstand erzeugenden Faktoren noch einmal explizit und notieren sie schwarz auf weiß. Es hilft, wenn man die Dinge vor Augen hat und nicht nur als diffuse, nicht sichtbare und deshalb beängstigende Gefühle wahrnimmt. Ein erster Schritt zum Handeln ist, sich Klarheit zu verschaffen, wo man gerade steht.«

»Und genau diese Klarheit fehlt mir«, murmelt Piero D. verzagt.

»Dann schreiben Sie sich das einmal gründlich von der Seele. Und dennoch sollten gerade Sie darauf achten, dass die Auflistung aller Risiken nicht wieder nach hinten losgeht und Sie dann entmutigt vor einem weiteren Berg quälender Ungewissheiten stehen.

Was halten Sie von dem Vorschlag, wenn wir heute Abend hier im Club das Wissen und die Erfahrung der anderen Gäste nutzen, um Ihre Risiken zu beleuchten? Wir können die möglichen Risiken gemeinsam aufspüren. Selbstverständlich sind Sie dabei in der Hauptrolle, doch wir können Sie bestimmt produktiv unterstützen. Und am Ende sollte keineswegs nur eine Risikobetrachtung stehen, sondern ein ermutigendes Konzept zum Handeln.«

Piero D. ist sehr angetan.

Daraufhin steht Alfons E. von seinem Gartenstuhl auf: »Dann lade ich Sie jetzt alle zu einer Runde ›Risikoaufspüren‹ ein. Dabei geht es um konstruktives Infragestellen, das keinesfalls gleichzusetzen ist mit prinzipiellem Misstrauen. Es ist lediglich eine Ausdrucksform für empfundene Unsicherheiten und Risiken.

Vielleicht darf ich zum Einstieg noch ein paar Sätze zu dem zugrunde gelegten Ansatz sagen: Dieser Ansatz untersucht das Entscheidungsverhalten auf der Grundlage unvollkommener Information. Damit ist gemeint, dass wir Menschen aufgrund der Komplexität der Realität niemals über alle notwendigen Informationen verfügen. Dies erzeugt zwangsläufig ein Gefühl von Unsicherheit.

Entscheidungen und Risiken hängen ja bekanntlich eng zusammen. Entscheiden bedeutet also immer, sich auf eine Handlungsalternative festzulegen. Somit schwingt ein gewisses, subjektiv empfundenes Risiko einer möglichen Fehlentscheidung immer mit. Da kein Mensch die Fähigkeit besitzt, in die Zukunft schauen zu können, weiß auch niemand zum Zeitpunkt der Entscheidung, ob die getroffene Wahl wirklich die richtige ist und ob das damit verbundene Handeln erfolgreich sein wird. Jede Realisierung eines erwünschten und als nützlich erachteten Zwecks ist immer mit Nebenfolgen versehen, die in Kauf genommen werden müssen und die zu Ziel- und Interessenkonflikten führen können. Diese bestehende Unsicherheit lässt Menschen zögern und anstehende Entscheidungen zuweilen verschleppen oder sogar vehement ablehnen.

Jede vorhandene Restunsicherheit wirkt sich somit negativ auf den Entscheidungsvorgang und den Entscheidungszeitpunkt aus. Die Unsicherheit entsteht allein deswegen, weil Menschen nicht alle Kausalfaktoren kennen. Risiken beruhen also auf der Unwissenheit des Menschen und sind daher immer subjektiver Natur. Das subjektiv empfundene Risiko hängt davon ab, wie komplex, weit reichend und einzigartig die Entscheidung ist bzw. wie neuartig der Entscheidungsgegenstand für den Entscheider erscheint. Das Entscheidungsverhalten ist dabei auch abhängig vom Informationsstand der Person sowie der Einstellung der Person gegenüber Neuem und Veränderungen, gegenüber dem Entscheidungsgegenstand. Nicht zuletzt hängt das Entscheidungsverhalten von der generellen Risikoneigung eines Menschen ab.

Die mit einer Entscheidung verbundenen Risiken lassen sich vereinfacht in drei Grundkategorien einteilen: funktionale Risiken, finanzielle Risiken und imagebezogene Risiken.

Ich möchte das an einem Beispiel aus dem täglichen Leben verdeutlichen, das Sie sicherlich alle sehr gut nachvollziehen können – erst recht so kurz vor dem Jahreswechsel, denn das ist ja bekanntlich die Zeit der guten Vorsätze.

Wenn sich jemand überlegt, in ein Sportstudio einzutreten, dann legt er sich mit dieser Entscheidung auf eine Handlungsalternative fest und das für einen längeren Zeitraum, denn er will ja nicht gleich morgen schon wieder wechseln. Diese Person steht somit vor einer Kaufentscheidung und kann dabei beispielsweise die folgenden Risiken empfinden:

Funktionale Risiken:

- Ist es prinzipiell möglich, über Gerätesport das Wohlbefinden und die körperliche Fitness zu steigern?
- Kann die Benutzung eines Sportstudios zu dem von mir gewünschten Erfolg führen?
- Wie umfangreich und vielfältig ist die Geräteausstattung des Studios?
- Wie sicher und wie gut gewartet sind die Geräte?
- Wie qualifiziert ausgebildet ist das Personal im Studio?
- Welches aufeinander abgestimmte Spektrum an Kursangeboten gibt es?

- Wie motivierend unterrichten die einzelnen Trainer?
- Wie flexibel ist der Vertrag gestaltbar?
- Wie lange bin ich an die Mitgliedschaft gebunden?

Finanzielle Risiken:

- Ist der Preis in Bezug auf die Leistung angemessen?
- Ist es der richtige Zeitpunkt für einen Vertragsabschluss oder wird es demnächst günstigere Aktionspreise geben?
- Gibt es dieses Leistungsangebot wirklich nicht noch irgendwo in der Umgebung preisgünstiger?
- Habe ich genügend andere Studios zum Vergleich herangezogen?
- Wird der Studiobesuch durch lange Wegstrecken teurer?

Imagebezogene Risiken:

- Was werden Freunde, Bekannte, die Familie denken, wenn ich die Wahl für ein bestimmtes Studio getroffen habe?
- Was werden sie überhaupt zu dem Gedanken sagen, dass ich in ein Fitness-Studio gehen will?
- Was werden meine Arbeitskollegen denken, wenn sie mich aus dem Sportstudio herauskommen sehen?
- Was werden die anderen Studiobesucher von mir denken, wenn sie mich im Sportanzug sehen?
- Werden mich manche auf meine schlechte Kondition, auf meinen Bauchansatz, auf meine Speckwülste, meine nachlässige Haltung ansprechen und sich über mich lustig machen?

An diesem ganz alltäglichen Beispiel ist diese Risikobetrachtung für jeden problemlos nachvollziehbar. Aber das Prinzip der Risikobetrachtung lässt sich auch anwenden auf nicht ganz alltägliche Entscheidungssituationen.

Übertragen wir es jetzt auf Piero D.s Situation: Sie stehen mit Ihrer Geschäftsidee ›Beratung für interkulturelle Kompetenz‹ vor einer Weichen stellenden Entscheidung. Der erste ›Käufer‹ Ihrer Idee sind nun allerdings Sie selbst. Wenn Sie das Vorhaben, salopp gesprochen, nicht kaufen, können Sie auch nicht überzeugend auftreten und andere vom Nutzen Ihres Angebotes überzeugen. Wahrscheinlich übertragen Sie dann Ihre Befürchtungen und Unsicherheiten unbewusst und unterschwellig auf potenzielle Kunden. Das kann dazu führen, dass diese nicht überzeugt sind und Einwände äußern. Deshalb ist es sinnvoll, jetzt einmal alle Risiken zu benennen, die für Sie mit Ihrer Geschäftsidee verbunden sein könnten.

In einer Frage formuliert meint dies: Welche Risiken empfinden Sie bezogen auf die drei Grundkategorien?«

Ohne lange zu zögern, beginnt Piero D. Risiken zu nennen. Sie sprudeln nur so aus ihm heraus, endlich kann er seinen Befürchtungen und Ängsten freien Lauf lassen, die anderen Clubgäste liefern sogar noch zusätzliche Aspekte. Am Ende dieser Runde ist die folgende Auflistung entstanden:

Funktionale Risiken:

- Werden die potenziellen Zielpersonen die Notwendigkeit seiner Beratungsleistung überhaupt nachvollziehen können?
- Werden sie überhaupt einen Nutzen darin erkennen?
- Ist interkulturelle Beratung eine Dienstleistung, die sich Firmen tatsächlich extern einkaufen werden?

- Sind externe Beratung und Trainings die richtige Vermittlungsform für interkulturelle Kompetenz?
- Wird die Notwendigkeit für interkulturelle Kompetenz wirklich erkannt oder ist dies nur ein sozial und wirtschaftspolitisch korrektes Lippenbekenntnis?
- Wird ihm seine ursprüngliche Ausbildung, die ja eher technisch ausgerichtet ist, nicht im Weg stehen bei der Ausübung einer Beratungstätigkeit, die sich im Bereich der sozialen Kompetenz abspielt?
- Wird man ihn mit seiner Erfahrung als glaubwürdig empfinden?
- Wird er mit seinem Kompagnon reibungslos zusammenarbeiten können?
- Ist er selbst überhaupt ein Unternehmertyp?
- Wird der Businessplan bei der Bank und den Gutachtern der Handelskammer bestehen?

Finanzielle Risiken:

- Wird er genügend Kapital aufbringen, um die Anlaufzeit überstehen zu können?
- Sind seine finanziellen Reserven ausreichend, um auch auftragsschwache Zeiten zu überstehen?
- Wie konjunkturabhängig ist diese Beratungsdienstleistung?
- Kann er für seine Beratungsleistung überhaupt angemessene Honorare verlangen, die seine Betriebskosten decken?
- Kann er überhaupt so viele Stunden im Monat arbeiten, wie er müsste, um sein Umsatzziel zu erreichen?

Imagebezogene Risiken:

- Was werden seine ehemaligen Kollegen zu seinem Vorhaben sagen, sich aus einer gesicherten Position heraus in das Risiko einer Selbständigkeit zu stürzen?
- Wie werden seine Kollegen und seine Freunde darauf reagieren, dass er als Berater dann in einem Soft-skill-Bereich arbeitet?
- Werden namhafte Auftraggeber denn überhaupt mit kleinen Teams und externen Beratern zusammenarbeiten?
- Was werden seine Freunde und Bekannten dazu sagen, dass er ausgerechnet mit diesem Geschäftspartner zusammenarbeitet?
- Was werden die Kunden dazu sagen, dass er ein Büro in der Bahnhofstraße mietet?
- Werden namhafte Firmen überhaupt Aufträge an Newcomer auf dem Beratungsmarkt vergeben – selbst wenn diese in der Sache erfahren und kompetent sind?
- Was werden Familie, Freunde, Bekannte, ehemalige Kollegen sagen, wenn er scheitern sollte?

Piero D. ist begeistert: »So klar hab' ich das wirklich noch nicht vor Augen gehabt! Aber was fange ich denn nun mit diesen ganzen Risiken an? Ist die Geschäftsidee also tatsächlich zu stark mit Risiken behaftet und sollten wir das Vorhaben ganz sein lassen?«

»Nein, nein, keineswegs! Ich wusste doch, dass es besser ist, Sie bei Ihrer leichten Tendenz zum Grübeln mit der differenzierten Risikobetrachtung nicht allein zu lassen, lieber Piero«, schaltet sich die Clubmanagerin schnell ein und legt ihm beruhigend eine Hand auf die Schulter. »Risiken zu erkennen und zu analysieren ist das eine und natürlich sollte man jeden Veränderungsprozess auf seine Notwendigkeit und seinen Sinn hin überprüfen. Nur so kann man überhaupt mit Vertrauen und Zuversicht in die getroffene Entscheidung hinein gehen. Und das Maß des Selbstvertrauens ist dabei gleich dem Maß an eigenem kreativem Engagement. Also erinnern Sie sich bitte an das, was sie vor der Risikobetrachtung selbst gesagt haben: ›Ein erster Schritt zum Handeln ist, sich Klarheit darüber zu verschaffen, wo man gerade steht‹ und die haben Sie jetzt.

Nun geht es darum, Ihre Einstellung zum Risiko allgemein und zu den durch die Risikobetrachtung identifizierten Risiken zu überprüfen. Alles wird davon abhängen, wie Sie die Risiken bewerten.

Doch bei aller Vorsicht und Schwarzseherei kommt es jetzt darauf an, Visionen zu entwickeln und konkrete Ziele anzuvisieren. Denn Sie müssen Ihre Entscheidung verantworten können – vor allem vor sich selbst. Die Risikobetrachtung sollte nicht zum verzögerten Dreisprung beitragen!«

»Zum was?«, fragt Paul W. amüsiert.

»Nun, der verzögerte Dreisprung ist Ihnen allen sicherlich als folgende Haltung bekannt:
Dann warten wir erst mal ab. – Dann schau'n wir mal. – Dann werden wir schon sehen.

Ich habe das so getauft, weil es mir hilft, diese in den letzten Jahren so häufig beobachtete Einstellung überhaupt noch zu ertragen.

Um rechtzeitig vor den Wettbewerbern durchstarten zu können, benötigt man Durchblick und Einblicke in kreative Problemlösefähigkeit. Dazu gehört auch eine gute Portion Mut zur Entscheidung und natürlich auch Durchhaltevermögen antwortet die Clubmanagerin.

»Da haben Sie vollkommen Recht!«, bestätigt Susanne K. »Mut ist ein Beschleunigungsfaktor im Entscheidungsprozess und nur damit sind gute Geschäftsideen im Wettbewerb nicht nur besser, sondern auch schneller und genau darin steckt heutzutage schon ein wesentlicher Wettbewerbsvorteil. Mut zum Handeln bedeutet gleichzeitig Mut zu eventuellen Fehlern. Niemand kann mit absoluter Sicherheit in die Zukunft schauen, ein Restrisiko bleibt immer. Auch wenn jemand weiter und weiter Informationen sammelt, wird er keine Garantie für die Richtigkeit seiner Entscheidung bekommen. Entscheiden heißt eben immer auch verzichten auf andere, ebenfalls denkbare Handlungsalternativen, die ausscheiden. Ausgehend von der Entscheidungstheorie, die sagt, dass man Eintrittswahrscheinlichkeiten für mögliche Umweltzustände als Entscheidungsvariablen einzubeziehen hat, könnte man meinen, dass Entscheidungsfindung ein höchst komplizierter Prozess ist. In der Praxis der Entscheidungsfindung geht es jedoch weniger um die korrekte Formel und einen komplizierten mathematischen Algorithmus als vielmehr darum, einen Anfang, der selbstverständlich wohl überlegt sein sollte, zu setzen. Genau das hat Piero D. ja längst erfüllt: Sein Businessplan umfasst schon dreißig Seiten, perfekt gegliedert und bis ins kleinste Detail beschrieben. Es wäre also an der Zeit, den nächsten Schritt zu TUN.

Marius S., der bis jetzt noch gar nichts gesagt hat, meldet sich: »Also ich verstehe, was Sie bewegt, wirklich, ich habe solch eine Situation auch schon durchlebt. Und zwar war das, als ich vor der Entscheidung stand, meinen Optikermeister zu machen oder aber Physikalische Technik zu studieren.
Ich fühlte mich wie in einem unsichtbaren Spinnennetz. Ich kam einfach nicht voran, ich konnte mich nicht entscheiden, und bei jeder Richtung, in die ich mich bewegte, blieb ich an einem klebrigen Stück dieses Spinnennetzes hängen.«

»Das beschreibt auch meine Situation treffend«, gibt Piero D. zu. »Und, sind Sie da rausgekommen?«

»Also, rausgekommen bin ich, aber erst nachdem ich wirklich verzweifelt war, und nachdem ich viel wertvolle Zeit verloren hatte. Was geholfen hat? Nach einer relativ langen Zeit des Leidens hat mich mein damaliger Meister aus dem Optikerbetrieb eines Nachmittags beiseite genommen und gefragt, ob ich die VER-Strategie kenne. Ich kannte sie nicht, also haben wir sie ausprobiert.

Bei der VER-Strategie geht es darum, das Verharren in einer ›Spinnennetz-Situation‹ zu ergründen. Dazu werden alle für eine bestimmte Situation möglichen Verhaltensweisen gesammelt, zunächst völlig ohne Bewertung, die erst in einer zweiten Stufe einsetzt.

Die Verhaltensweisen visualisieren wir als ein Spinnennetz rund um die Buchstaben VER, die auch den Anfang der jeweiligen Beschreibung bilden.«

Marius S. nimmt sich ein großes Stück Packpapier und legt es auf den Tisch. In die Mitte schreibt er:

VER

»Jetzt überlegen Sie bitte Möglichkeiten mit den Anfangsbuchstaben VER, was Piero tun könnte bzw. was er zurzeit tut.
Aus Ihren Assoziationen werde ich eine Landkarte zeichnen.«

Die Clubmitglieder nennen verschiedene Möglichkeiten und Alfons E. fertigt eine Mind-Map rund um die Vorsilbe VER an:

- VER- Harren, er unternimmt nichts zurzeit
- VER- Missen wird er einiges, solange er sich nicht traut
- VER- Zweifeln könnte er manchmal
- VER- Rückt werden, die Gefahr besteht, wenn er nicht bald etwas tut

VER- Werfen würde er am liebsten alles
VER- Ändern, dazu hätte er die Chance
VER- Lassen sollte er diese Situation
VER- Trauen kann er zu sich selbst haben
VER- Tiefen könnte er seine Kontakte
VER- Antworten kann er seine Pläne und die seines Partners
VER- Reisen, dann wäre er wenigstens weg von seinen Plänen
VER- Recken, da steht er kurz davor
VER- Nichten tut er bald seine Existenz, wenn es so weitergeht
VER- Gnügen kann ihm die erfolgreiche Veränderung bereiten
VER- Lieben kann er sich in die neue Firmenidee
VER- Werten könnte er seine Erkenntnisse

Jeden dieser Begriffe notiert Marius S. jeweils am Ende einer der Linien, die von der zentralen Silbe VER ausgeht. Dabei dreht er den Bogen Packpapier genau um den Mittelpunkt, so dass eine gedankliche Landkarte in Form einer Mind-Map entsteht. Diese sieht wirklich aus wie ein Spinnennetz.

Marius S. sagt: »Hier sehen wir nun die entscheidungshemmende Landschaft von Piero D. deutlicher vor uns. Es gibt einige Verhaltensweisen, die ihn lähmen und ihn seinem Ziel nicht näher bringen. Dagegen gibt es andere, die es können.

Und jetzt beraten wir, welche von diesen Verhaltensweisen sinnvoll ist und ihn voranbringt und umgekehrt, welche ihn blockiert.«

Sie diskutieren die einzelnen Verhaltensweisen und umkreisen einige Begriffe mit einem roten Stift.

»Die Farbe Rot steht hier, wie bei einer Verkehrsampel, für Stopp, für die Blockade. Diese Verhaltensweisen verschlimmern seine Situation dadurch, dass die Zeit voranschreitet, er aber nicht.«

Nachdem die Landschaft rund um die Buchstaben VER immer mehr Rot-Anteile bekommt, stellt sich die Frage, welches Verhalten

DIE VER-STRATEGIE:

eine positive Veränderung bewirken kann, eine Entscheidung ermöglicht. Piero D. nimmt sich entschlossen einen grünen Stift und kreist die Begriffe VER-Antworten und VER-Trauen ein:

»Ich werde mein Selbstvertrauen stärken, um mir dadurch für die Zukunft mehr zuzutrauen. Und durch diese positive Einstellung wird es mir gelingen, mich selbst zu ermutigen – auch in schwierigen Phasen, wenn mich wieder einmal Zweifel beschleichen.

Denn mir ist gerade wieder etwas eingefallen, was ich in einem Ziel- und Zeitmanagement-Seminar von einem Trainer empfohlen bekam: Immer wenn wir vor anspruchsvollen Aufgaben stehen, ist es hilfreich, sich mit dem Glauben an den Erfolg positiv einzustimmen und sich dabei auf den Satz ›Und der Erfolg erfolgt!‹ zu konzentrieren. Ich glaube, das nennt man ›positives Selbstgespräch‹.

Das machen Leistungssportler bei Wettkämpfen ebenso. Kein Sportler würde sich vorstellen, wie er das Ziel NICHT erreicht. An dieser Sichtweise werde ich mich in Zukunft orientieren und mich auf das Gelingen einstimmen.«

»Nun ist es aber genug mit logikorientierten Diagnosen und kopflastiger Theorie«, findet Sofia W. »Ich habe da eine zusätzliche Idee, wie Entscheidungsblockaden auf spielerische Weise gelöst werden können – und das ist schließlich für jeden von uns hilfreich. Also lade ich Sie alle jetzt zu einer Übung ein, die etwas mit konkretem Tun zu tun hat.

Diese Übung heißt »Entscheidende Einschnitte«.

Ich bin darauf gekommen, als ich kürzlich in meiner Freizeit eine neue Zeichentechnik ausprobiert habe. Wie Sie alle wissen, male und zeichne ich sehr gerne. Die Ausstellung ›Malen mit der Schere‹ des französischen Malers Henri Matisse hat mich so beeindruckt, dass ich ausprobieren wollte, wie es ist, wenn man eine Bildkomposition nicht erst vorzeichnet oder mehrere Skizzen anfertigt, sondern sofort anfängt, das, was man sieht, direkt und ohne Korrekturmöglichkeiten zum Ausdruck zu bringen. Diese Erfahrung sollten Sie unbedingt auch machen. Dazu benötigen wir nur farbiges Papier und Scheren für uns alle.«

Schnell sind alle Utensilien unter der Regie der Clubmanagerin zusammengesucht und Sofia W. fährt fort:»Nun schauen Sie bitte auf die Marmorskulptur im Treppenaufgang. Sehen Sie sich diese Figur genau an.

Zerlegen Sie sie nun vor Ihrem geistigen Auge in einzelne Bestandteile.

Skizzieren Sie diesen Gegenstand, allerdings nicht mit einem Bleistift, sondern gleich mit der Schere. Dies gelingt, indem Sie den Gegenstand optisch in hellere und dunklere Bereiche aufteilen. Dabei ist im Bereich der fließenden Übergänge von Hell zu Dunkel Ihre Entschlusskraft gefordert. Die Darstellung des Gegenstandes mit der Schere gelingt, indem Sie die dunklen Partien, das heißt die im Schatten liegenden Teile, herausschneiden. Nun ergibt sich ein Zusammenspiel von Licht und Schatten und dadurch ein kontrastreiches deutliches Bild des Gegenstandes.

Sie selbst entscheiden, welche Flächen von unterschiedlicher Farbe sind und welche Formen die einzelnen Flächen haben, wenn Sie die Figur vereinfachen.

Denn beim Malen mit der Schere geht es nicht um einen filigranen Scherenschnitt aus der Biedermeierzeit, es geht vielmehr um das genaue Betrachten und um das Reduzieren von Komplexität. Nicht jedes Detail ist wichtig oder abzubilden. Sie entscheiden, welche Informationen für Sie wichtig und welche Informationen notwendig sind, um genau diese Figur in vereinfachter Weise zu repräsentieren. Wenn Sie die Figur also zunächst eine Weile betrachtet haben, so schneiden Sie direkt und beherzt in das farbige Papier und lösen dabei, wie ein ›Bildhauer im zweidimensionalen Raum‹, Schnitt für Schnitt die einzelnen Form gebenden Flächen aus dem

Papier. Diese Übung schult sowohl Ihre Wahrnehmungsfähigkeit durch genaues Beobachten und trägt darüber hinaus zur mutigen Entschlusskraft durch den Blick für das Wesentliche bei. Sie setzen dabei Prioritäten und wählen aus, was für Sie wichtig ist.

Sie werden sicherlich merken, dass Sie dabei Perfektionismus und Unsicherheit im Umgang mit etwas Neuem überwinden müssen, denn: Ein Schnitt ist ein Schnitt. Ich wünsche Ihnen viel Freude bei dieser einschneidenden Übung und bin gespannt auf Ihre anschließenden Erfahrungsberichte.«

In der nächsten halben Stunde ist jeder Clubgast abgetaucht in seine eigene Welt aus Figur, Schere und Papier. Nach anfänglichem Zögern hat sich jeder in seine Betrachtung und Interpretation vertieft.

Piero D. beschreibt anschließend als Erster seine Erfahrungen: »Mit dem genauen Betrachten der Figur hatte ich keine Schwierigkeiten. Genaues Hinsehen und Beleuchten aller Fakten entspricht eben einfach meinem Naturell.

Überwindung hat mich vielmehr der erste Schnitt in das noch unversehrte Papier gekostet. Ja, es stimmt, mir war im ersten Moment richtig unwohl bei dem Gedanken, einen falschen Schnitt zu machen. Ich habe tief durchgeatmet, mir einen Ruck gegeben und mit einem ›Ratsch‹ ist die Schere zum ersten Schnitt in das Papier gefahren. Anfangs hatten die Figurbestandteile noch zu viele Informationen, waren zu schnörkelig, doch dann habe ich kurz überlegt und habe mich für die Bestandteile entschieden, die ich für wesentlich und unverzichtbar gehalten habe.

Und von Schnitt zu Schnitt hat mir die Übung mehr Spaß gemacht. Meine Entschlossenheit für den nächsten Schnitt ist gewachsen.«

Übertragen auf sein eigentliches Problem fasst er seine Schlussfolgerungen aus der Übung zusammen: »Ich habe gemerkt, dass Anfangen nicht mit wildem Aktionismus verbunden sein muss. Anfangen hat auch zu tun mit Loslassen. Übermütig sein kann helfen, wenn man die eigenen Grenzen zwar kennt, aber für einen Moment nicht nur an die Einschränkungen und möglichen Risiken denken möchte. Einfach anfangen befreit und macht neue Erfahrungen zum Verbessern und Verfeinern erst möglich! Zum ersten Mal war mir wohl dabei, mich etwas zu trauen.«

Es folgen ähnliche Einsichten und Berichte der anderen Gäste und alle sind sich in einem einig: Mut ist nicht gleichzusetzen mit Draufgängertum, sondern mit der Fähigkeit, sich und andere ermutigen zu können. Dazu bedarf es einer genauen Kenntnis der eigenen Stärken und Schwächen, also einer realistischen Selbstwahrnehmung. Realistisch meint dabei allerdings nicht überkritisch, sondern selbstbewusst, im buchstäblichen Sinne: sich seiner selbst bewusst sein. Erst dann kann sich Selbstvertrauen einstellen, und dies ist eine sehr wichtige Grundlage, damit Gedanken frei fließen können. Wer sich selbst nichts zutraut, wird niemals den Mut aufbringen können, seine Ideen auch vor anderen und in der Öffentlichkeit überzeugend zu präsentieren.

Piero D. bringt es auf den Punkt: »Als Erstes muss man immer noch sich selbst überzeugen, dann erst die anderen! Und mir ist heute schon viel wohler zumute beim Gedanken an mein Vorhaben.«

Das fünfte Kreative Abenteuer
Kreativ-Kompetenz Humor

Ein trüber, grauer Donnerstag im November um 19.00 Uhr. Ein Wunder, dass es kein Freitag, der dreizehnte ist! Es gibt Tage, an denen einfach alles schief geht und man sich fragt, warum man nicht gleich im Bett geblieben ist. So einen Tag hat Isabella N., Assistentin der Geschäftsleitung bei einem Scherzartikelvertrieb, heute hinter sich gebracht.

Wenn es im Club K.U.N.T.E.R.B.U.N.T. nicht immer so anregend und heiter zugehen würde, wäre sie ganz sicher direkt nach dem Büro nach Hause gefahren und in die Badewanne gestiegen. Anschließend hätte die Energie nur noch dazu gereicht, sich mit einem Unterhaltungsroman auf die Couch zu legen.

Isabella N. sieht schon von weitem die Neonschrift des Clubs flackern. Auf dem Display blinken heute merkwürdige Comicwörter:

Knuff Uff Nanu Trara Effeff Rums Blink Ultra Nana Tamtam . . . .

Im Club merkt man ihr die gedrückte Stimmung scheinbar schon an der Stimme an. Auf jeden Fall ist es Paul W. offenbar ein dringendes Bedürfnis, sie etwas aufzumuntern und er fragt sie, ob sie nicht über das, was sie so bedrückt, heute Abend reden möchte. Isabella bedankt sich müde: »Ein netter Versuch mich aufzuheitern. Aber im Moment will ich noch etwas Abstand vom Tag gewinnen und einfach nur ankommen.«

»Das verstehe ich, aber vielleicht würde es Ihnen helfen, wenn Sie über Ihre Sorgen reden würden«, meint Paul W.

»Soll ich wirklich diesen gesamten unerfreulichen Tag noch einmal Revue passieren lassen und alle anderen mit meiner schlechten Laune anstecken?«, fragt Isabella.

»Wo, wenn nicht hier, finden Sie so viele engagierte und kompetente Gesprächspartner zur Lösungsfindung? Nutzen Sie doch die Gelegenheit, herauszufinden, was Ihnen den Humor geraubt hat.«

»Und nun zu Isabella N.« Die Clubmanagerin leitet das Gespräch nach den Begrüßungsworten des Abends ein. »Sehen Sie sich diese junge hübsche Frau an. Sind Sie nicht genau wie ich darauf gespannt, zu hören, was ihr derartig die Mundwinkel nach unten gezogen hat und warum heute ihr sonst so bezauberndes Lächeln ganz aus ihrem Gesicht verschwunden ist?«

Isabella ist überredet: »Wenn Sie meinen! Dann führe ich Sie heute in die gar nicht immer so fröhliche Welt der Scherzartikel.

Die Schertz & Keks GmbH, kurz S & K, ist ein Großhandel für Scherzartikel mit heute dreißig Beschäftigten in Verwaltung und Produktion. Dieser Betrieb ist hervorgegangen aus dem 1970 gegründeten Familienbetrieb ›Johann Schertz und Co. Geschenkartikel und Festausstattung‹.

Bei uns gibt es neben Hüpfbällen und Hüpfsäcken auch Seifenblasenspiele, Jonglierartikel und Zauberzubehör. Wir haben eine beachtliche Auswahl an Gesellschaftsspielen. Dann decken wir den ganzen Kostümbereich, Masken, Schminke usw. ab.

Wir führen außerdem Gruselartikel wie Fledermäuse und Spinnennetze. Auch Dekorationsmaterialien für Feste, zum Beispiel Luftballons, Girlanden, Luftschlangen gehören zum Gesamtsortiment. Doch das Besondere in unserem Angebot sind immer noch unsere Scherzartikelklassiker: Ohne diese Dauerbrenner würden viele Klassenfahrten, Jugendfreizeiten und Kinderpartys bei weitem nicht so spaßig verlaufen. Sie erinnern sich bestimmt auch noch an diese Scherzartikel: die lustigen Brillen, Nasen und Rüssel, das Senfglas mit der Schlange darin, die Armattrappen, die Gummiinsekten und die Lachsäcke.

Unsere direkten Kunden sind Warenhäuser und Spielwarengeschäfte, sie werden durch Außendienstbesuche betreut.

Besonders wichtig für den Geschäftsführer ist, dass das Kernthema des Unternehmens, also Humor und Spaß, glaubhaft nach außen vertreten wird. Dabei kommt es auf den Beitrag jeder Mitarbeiterin und jeden Mitarbeiters an. Denn Sie können sich ja vorstellen, dass schlecht gelauntes Personal gerade bei einem Scherzartikelvertrieb besonders zu Kundenirritationen führen kann.

Eigentlich ist die Schertz & Keks GmbH ein personalpolitisch fortschrittliches Unternehmen, das es sich zum Ziel gemacht hat, Mitarbeiterbindung durch hohe Zufriedenheit am Arbeitsplatz zu schaffen. Nur zufriedene Mitarbeiter, die sich innerhalb der Organisation wohl fühlen, sind dazu bereit, eine dauerhafte Bindung aufzubauen, sich aktiv und energievoll im Arbeitsalltag einzubringen und sich mit dem Unternehmen und seinen Produkten zu identifizieren. Soweit die Theorie. Aber in der Praxis sieht es inzwischen anders aus.

In letzter Zeit häufen sich Beschwerden der Kunden über den unfreundlichen Ton am Telefon. Ich höre, der Innendienst sei alles andere als freundlich und zuvorkommend. Manchem Kunden vergeht da der Spaß, wenn er neue Scherzartikel ordern möchte.

Darüber hinaus kommt es zu erheblichen Lieferverzögerungen. Die euphorischen Versprechungen der Außendienstmitarbeiter, die die Einkäufer der Kaufhäuser und Spielwarengeschäfte besuchen, stehen in krassem Gegensatz zu der verhaltenen Reaktion des Innendienstes. Eingehende Nachfragen und Reklamationen werden unwirsch und mürrisch entgegengenommen und nur zögerlich bearbeitet.« Isabella N. schüttelt sich sichtlich.

»Daraufhin hat der Geschäftsführer nach längeren Diskussionen ein Telefontraining für den Innendienst vorgeschlagen. Ich soll alles in die Wege leiten, Angebote einholen und die Trainingsanbieter vorsondieren.

Allerdings bin ich mir gar nicht sicher, ob diese Maßnahme zum tatsächlichen Problem passt. Es erscheint mir vielmehr aktionistisch, ohne eine eingehende Diagnose der Ausgangssituation gleich auf das scheinbar offensichtlichste Problem zu reagieren. Es ist zu befürchten, dass mit einem Telefontraining eher an den Symptomen als an der Wurzel des Problems gearbeitet wird. Unfreundlichkeit am Telefon ist meiner Ansicht nach keineswegs so einfach durch bestimmte Techniken wegzutrainieren.

Ich vermute eher andere Ursachen für dieses Verhalten. Wahrscheinlich ist die Unfreundlichkeit am Telefon die Folge einer seit langem herrschenden schlechten Stimmung, die sich mittlerweile nicht mehr verbergen lässt. Die Ursache des Problems, nehme ich an, ist ein grundsätzliches Kommunikationsproblem zwischen Innen- und Außendienst.

Schon häufiger habe ich mitbekommen, dass die Innendienstmitarbeiter darüber klagten, dass sie zu spät oder nur lückenhaft über spezielle Liefer- und Zahlungskonditionen informiert werden. Denn die hat der Außendienst individuell mit den Einkäufern der Kunden abgesprochen. Der Außendienst seinerseits beschwert sich, dass er, weil dauernd unterwegs, Informationen über Produktionsengpässe und Lieferschwierigkeiten erst zu spät erfährt und somit

Versprechungen beim Kunden macht, die überhaupt nicht einzuhalten sind. Alle fühlen sich missverstanden, alle sagen, sie seien falsch bzw. mangelhaft informiert. Dieses Schnittstellenproblem im Vertrieb teilt die beiden Bereiche der Kundenbetreuung immer mehr in zwei Lager.

Der Außendienst sagt mir: ›Diese Bürokraten im Innendienst, die Dienst nach Vorschrift machen wollen und dabei vollkommen unflexibel sind.‹ Der Innendienst spricht von den ›aktionistischen Verkäufern‹ im Außendienst, die ein Wunder nach dem anderen versprechen, das nicht erfüllt werden kann, was sie aber schlicht nicht interessiert.

Aufgrund dieser Verhärtung der Sichtweisen und der gegenseitigen Schuldzuweisung entsteht eine Kluft, die den Informationsfluss noch weiter hemmt, statt, wie eigentlich dringend nötig, ihn zu verbessern.

Ein Telefontraining wird hier nicht helfen, aber das will der Geschäftsführer nicht wahrhaben, es ist eine ziemlich unerfreuliche Situation.«

»Das ist allerdings eine sehr bedrückende Geschichte!«, meint Piero D. »Ich kenne so etwas aus meiner Zeit in Argentinien. Sie stehen mitten in einem Problemfeld und kriegen von allen Seiten etwas ab. Was in solchen Fällen oft hilft, wird Sie sicherlich erstaunen. Aber ich traue mich trotzdem, es Ihnen vorzuschlagen, also lachen Sie bitte nicht darüber.

Was Ihnen helfen kann, ist eine gute Portion Humor. Denn Humor schafft Distanz zum eigentlichen Problem und ist damit der erste Schritt zur Problembewältigung. Humor und seine körperliche Ausdrucksform – das Lachen – entspannen und erst dadurch gelingt es wieder, auch in schwierigen Situationen, einen klaren Kopf zu bekommen und nach kreativen Lösungsansätzen zu suchen.«

Kreativ-Kompetenz Humor

»Aber Piero, ich bitte Sie!«, wirft Alexander R. ein, »das klingt etwas zu einfach. Sie wollen doch nicht allen Ernstes behaupten, dass man Probleme weglachen kann? Und das in der heutigen Zeit?! So rosig und romantisch ist die Welt nun wirklich nicht mehr!«

»Selbstverständlich, Alexander, da haben Sie völlig Recht. Probleme lassen sich nicht einfach weglachen. Der Nutzen bzw. die Qualität von Humor liegt auf einer ganz anderen Ebene: Humor und Lachen, so die Ergebnisse aus Arbeitspsychologie und Gelotologie – das ist die Wissenschaft vom Witz, also die Humorforschung –, helfen, Konflikte zu lösen, Stress abzubauen und den Teamgeist zu stärken. Bei mangelnder Heiterkeit, so zeigen US-Studien, sinkt die Produktivität erheblich.

Umgekehrt gilt: In Firmen, in denen viel gelacht wird, gibt es deutlich weniger Krankheitsausfälle. In diesen Firmen wird auch kreativer und schneller gearbeitet, es zeigt sich eine direkte Auswirkung des Arbeitsklimas auf die Qualität der Arbeit.

Und darüber hinaus stärkt Humor, das ist inzwischen wissenschaftlich nachgewiesen, die Immunabwehr. Humorvolle Menschen leiden weniger an Herz-Kreislauf-Erkrankungen und seltener an Erkältungen. Fröhlichkeit erhöht die Ausschüttung von Endorphinen und Glückshormonen. Fröhlichkeit führt auch dazu, dass die Produktion von Stresshormonen abnimmt.

Dennoch lassen sich natürlich echte Konflikte und Krisen nicht einfach weglachen. Wenn aber bei der Konfliktlösung der Humor abhanden kommt, dann ist das eine sehr ernste Angelegenheit, denn: Lachen ist ein menschliches Grundbedürfnis.

Nun will ich Isabella N. ja auch keinesfalls empfehlen, statt eines Telefontrainings einfach nur ein Lachtraining zu bestellen.

Ich schlage Folgendes vor: Das Wichtigste für Isabella ist momentan, Distanz zu ihrem wirklich knifflig Problem zu bekommen. Distanz lässt sich durch verschiedene Methoden gewinnen.

Dabei halte ich die folgende Übung für wirkungsvoll und nützlich: Sie heißt ›FUN-TASIE‹ – Fantasie mit Spaß.

Liebe Isabella, wollen Sie versuchen, Ihren Fall noch einmal zu berichten, und zwar mit der Distanz eines Außenstehenden. Versuchen Sie sich möglichst von den Problemen zu lösen und betrachten Sie die Situation mit Distanz wie durch ein Fernrohr.

Stellen Sie sich vor, Sie erzählen uns das Ganze zum Beispiel als eine Märchenaufführung, die Sie neulich in einem Theater gesehen haben. Das klingt zugegebenermaßen etwas komisch, aber Verfremdung und Übertreibung helfen beim spielerischen Umgang mit bedrückenden Problemen. Sie tragen über diesen kleinen, jedoch sehr hilfreichen Umweg zur Problembewältigung bei.

Verlagern Sie die reale Situation in eine Märchenwelt, verfremden Sie die handelnden Personen. Überlegen Sie sich passende Namen und eine neue Rolle für die Akteurinnen und Akteure. Das Erstaunliche ist, dass die Personen meist ganz leicht ihre Rolle in dem Fantasiestück finden.«

»Warum eigentlich nicht«, meint Isabella. »Ungewöhnliche Vorgehensweisen führen zu ungewöhnlichen Lösungen und eine solche Lösung suche ich ja wirklich dringend.«

Piero D. steht auf und schlägt ein Stück des Samtvorhangs zur Seite. Wie ein Herold ruft er aus: »Ich bitte das verehrte Publikum, Platz zu nehmen. Es beginnt das Märchen von Isabella und dem Verlust des Lächelns!«

Isabella N. überlegt: »Wo fange ich denn am besten an ...«

Piero D. springt ein: »Am besten mit dem unwiderstehlichen Anfang aller Märchen – Es war einmal ein fernes Königreich, und das hieß, das könnte heißen ...«

»Scherzotalien«, empfiehlt die Clubmanagerin schlagfertig.

Isabella N. bedankt sich und sie beginnt, ihr Märchen zu erfinden: »Es war einmal ein fernes Königreich, und das hieß Scherzotalien. Es war ein sehr kleines Königreich mit nur dreißig Personen und wurde von König Scherzo dem Dritten regiert. Dieser war ein umgänglicher und eigentlich auch leutseliger Regent. Nur eines war ihm sehr wichtig und er achtete strikt darauf: Er wünschte sich, dass in seinem Königreich Scherzotalien jeden Tag gute Laune herrschen sollte. Alle Bewohner sollten stets fröhlich sein und einen Scherz auf den Lippen haben. Denn so gehört es sich eben für ein Reich namens Scherzotalien, meinte König Scherzo der Dritte.

Er hatte eine Hofnärrin, und diese hieß, warten Sie, die wurde Scherzabella genannt.« Isabellas Mundwinkel zucken leicht. »Scherzabella war eine außerordentlich kommunikative und früher auch fröhliche Person. Ihr Auftrag lautete, alle im Königreich bei guter Laune zu halten. Das ist eine schwere Aufgabe und eine große Verantwortung in einem Königreich mit dreißig Personen. Scherzabella war die Fachfrau für die alltäglichen Scherze – und sie nahm diese Arbeit sehr ernst.

In dem Königreich Scherzotalien gab es zwei Dörfer, genannt das innere Dorf und das äußere Dorf. Die Bewohner des inneren Dorfes kümmerten sich bei ihrer Arbeit mehr um die inneren, die Bewohner des äußeren Dorfes mehr um die äußeren Belange des Königreiches.

Nun war etwas ganz Schreckliches passiert.

Die Bewohner des inneren Dorfes wollten nicht mehr mit den Bewohnern des äußeren Dorfes sprechen. Vielleicht war es auch umgekehrt«, hier runzelt Isabella N. die Stirn, »dass die Bewohner des äußeren Dorfes nicht mehr mit den Bewohnern des inneren Dorfes sprechen wollten? Auf jeden Fall sprachen sie einfach nicht mehr miteinander.

Scherzabella versuchte es mit aufmunternden Worten. Sie setzte die originellsten Anekdoten ein. Sie erfand neue Witze, machte Scherze über gemeinsam Erlebtes, die sie nicht nur erzählend präsentierte, sondern laut singend vortrug. Ihre Vorstellungen verband Scherzabella mit akrobatischen Einlagen. Sie jonglierte mit Pappnasen, sie warf mit gefiederten Pfeilen, und sie produzierte riesige Seifenblasen, in die sie sich selbst einhüllte. Doch niemand reagierte. Und nichts half. Und das Allerschlimmste war, es blieb vollkommen rätselhaft, warum sich die Bewohner des inneren Dorfes mit den Bewohnern des äußeren Dorfes nicht mehr vertrugen. Und umgekehrt genauso.

König Scherzo drängte auf eine Lösung. Denn er wollte seine fröhliche Stimmung und die täglichen Scherze wiederhaben. Er meinte, es sei doch unglaublich, dass eine Hofnärrin von dem Format einer Scherzabella dieses lachhafte Problem nicht lösen könne.«

Isabella seufzt tief. »Es wird immer ungemütlicher in Scherzotalien. Scherzabella ist verzweifelt, ihr fällt einfach nichts mehr ein. Jetzt sitzt sie auf den Stufen des Schlosses von König Scherzo dem Dritten. Dieses Schloss ist fröhlich bunt. Es ist bemalt mit knallbunten Kringeln und dekoriert mit goldenen Türmchen. Überall am Schloss hängen Luftschlangen und Luftballons.

Aber Scherzabella ist nicht fröhlich, ihr ist das Lachen vergangen. Tränen kullern ihr aus den Augen, sie weint und weint. Und sie weint und es ist ganz schrecklich. Und die Tränen fließen die Treppenstufen hinunter und sie weint immer mehr.«

Bei dieser Schilderung nimmt Isabella die zusammengesunkene Körperhaltung der unglücklichen Heldin aus dem Märchen ein. Sie lässt den Kopf auf die Knie sinken und vergräbt ihr Gesicht in den Händen. Leise, undefinierbare Laute dringen durch ihr Haargewirr.

Die Clubgäste sehen Isabella schon in Tränen aufgelöst – aber nein, jetzt hebt sie den Kopf und lacht! Sie lacht und lacht, bis ihr fast schon Tränen über das Gesicht laufen und sie sich vor Lachen den Bauch halten muss, und alle im Club lassen sich von ihrem befreienden Lachen anstecken.

Als das Lachen wieder etwas abebbt, meint Alexander R.: »Jetzt endlich verstehe ich diesen Satz von Erich Kästner, den meine Kollegin Anja immer zitiert: ›Wer lachen kann, dort wo er hätte weinen können, bekommt wieder Lust am Leben.‹«

»Das ist wahr, denn in einer trübsinnigen Stimmung lassen sich Probleme wirklich nicht gut lösen«, bestätigt Christina C. »Auch wenn sich Unternehmensprobleme nicht weglachen lassen und äußere Umstände einem das Lachen verderben können, es stimmt schon: Der erste Schritt muss sein, für innere Gelassenheit zu sorgen. Denn damit erst wird es möglich, an Problemlösungen heranzugehen.«

Sofia W. nimmt den Faden auf: »Über Humor gibt es Hunderte von Auffassungen und Tausende von Interpretationen. Interessant ist dabei, egal, wie verschieden Humor auch aufgefasst wird: Humorforscher, Philosophen und Mediziner sind sich darin einig, dass wir alle durch Humor, das heißt durch Lachen über uns selbst und andere, unsere seelischen Erschütterungen verarbeiten können.

Wenn wir mit Unerwartetem zurechtkommen müssen, dann durchleben wir diese Überraschung auch körperlich, indem wir lachen. Denn Lachen schüttelt unseren Körper durch. Lachen beginnt mit Kontraktionen in der Mitte des Körpers, im Zwerchfell, dann breitet es sich wellenartig im ganzen Körper aus. Lachen bewegt den Körper, schüttelt und rüttelt ihn durch. Lachen hilft uns, mit dem Leben und seinen alltäglichen Überraschungen, Sensationen und auch Katastrophen besser zurechtzukommen. Ich glaube, das haben wir gerade erlebt.«

»So, meine lieben Clubgäste«, sagt die Clubmanagerin, »lassen Sie uns diese gute, ausgelassene Stimmung dazu nutzen, um Isabellas Ausgangslage noch einmal genauer zu untersuchen. Es geht ja um Informationsfluss, genauer gesagt um den nicht funktionierenden Informationsfluss zwischen dem Innendienst und dem Außendienst. Ich möchte das für Sie anschaulich machen, und dazu brauche ich nur einen Moment.«

Sie verschwindet in der Küche. Als sie nach fünf Minuten zurückkommt, bringt sie zunächst einen randvoll gefüllten Eimer mit Wasser. Dann trägt sie noch ein schweres Tablett mit allerlei Requisiten hinein. Sie breitet eine silbrig schimmernde Rettungsfolie von zwei mal zwei Meter auf dem Tisch aus. Anschließend gruppiert sie mehrere Schüsseln, Flaschen, Korken, eine kleine Gießkanne und weitere merkwürdige Gegenstände darauf.

Sie erläutert: »Der geschickte und effiziente Umgang mit dem ›Rohstoff‹ Information ist eine anspruchsvolle Aufgabe. Denn schließlich zieht der Informationsfluss an einigen Stationen vorbei, bis die Information da angekommen ist, wo sie sinnvoll und wertschöpfend verwertet werden kann.

Wie aber kommen Informationen tatsächlich in Fluss, das heißt wie kommen sie von der Person, die sie besitzt, zu der Person, die sie braucht?

Lassen Sie uns die Informationsverbreitung mit einem tatsächlichen Fluss, also mit Wasser vergleichen. Wir sehen hier vor uns einen Eimer voll mit Wasser, der ein Reservoir an Informationen symbolisieren soll. Jetzt demonstriere ich Ihnen, was ich selbst immer wieder erlebt habe im Umgang mit Informationen. Es gibt verschiedene Methoden, den Informationsfluss zu managen.

Gießkannenprinzip

Da gibt es als Erstes das Gießkannenprinzip: Informationen werden wahllos überall ausgegossen, ob sie nun interessieren oder nicht. Oft ist der ganze Boden nass, überall entstehen Pfützen, manch einer rutscht auf diesem Überfluss an Informationen aus...«

Die Clubmanagerin schöpft aus dem Eimer mit einer Tasse Wasser in eine Miniaturgießkanne. Diese hält sie hoch und lässt das Wasser dann einfach auf den Tisch laufen. Das Wasser breitet sich auf der Folie aus, verteilt sich wahllos. Es bilden sich kleine Rinnsale, die sich langsam und gemächlich über die Tischkannte ergießen.

Einige Gäste schauen etwas verunsichert, andere kichern.

Gewitterprinzip

»Es gibt dann noch das Gewitterprinzip: Plötzlich fallen Informationen vom Himmel, begleitet von Blitz und Donner, wie ein Paukenschlag, alle erschrecken. Aber niemand kann sie richtig aufnehmen oder weiterleiten.«

Die Clubmanagerin bittet Paul W. einen kräftigen Schlag auf den Gong, der auf der Kommode neben dem Kamin steht, zu setzen. Währenddessen taucht sie die Hände in den Wassereimer und spritzt alle am Tisch nass.

Die Gäste reagieren mit lautem Gejohle und spitzen Schreien.

Wüstenprinzip

Die Clubmanagerin kann sich ein breites Grinsen nicht verkneifen, macht dann aber konzentriert weiter: »Es gibt auch das Wüstenprinzip: Es herrscht eine absolute Dürre an Informationen. Man erfährt kaum, was vor sich geht und die wenigen Informationen werden sparsam, tropfenweise mit einer Pipette aufgetragen – der Tropfen auf den heißen Stein – und verdunsten...«

Sie füllt ein wenig Wasser in eine Pipette ein, dann hält sie einen

Kieselstein übers Feuer, bis er sich aufgewärmt hat. Sie lässt nun einen Tropfen Wasser darauf fallen, es zischt kurz und sofort ist der Tropfen verdunstet.

Flaschenpostprinzip

»Es gibt natürlich auch das Flaschenpostprinzip: Informationen werden in eine Flasche verpackt, sorgsam verkorkt und dann hin und her geschickt. Aber niemand traut sich, die Flasche zu öffnen und die Informationen rauszulassen, weil sonst die ganze Arbeit an dieser Person alleine hängt.«

Sie taucht eine Weinflasche in den Eimer und füllt sie auf. Sie verkorkt die Flasche und wickelt noch etwas Schnur darum. Diese Flaschenpost reicht sie Paul W. Dieser gibt die Flasche mit den kostbaren Informationen weiter und die Flaschenpost kreist mehrere Runden um den Tisch.

Die Clubmanagerin warnt: »Überlegen Sie sich gut, wie Sie sich jetzt verhalten. Geben Sie die Flasche lieber weiter, denn wenn Sie sie öffnen, dann haben Sie den ganzen Ärger am Hals. Und wer kann denn schon mit so vielen Informationen wie in dieser Flasche klarkommen?«

Langsam kommt Lachen und fröhliches Glucksen auf. Mit sichtlichem Vergnügen schieben die Gäste die Flascheninformationen weiter.

Eisblockprinzip

»Es gibt auch noch das Eisblockprinzip: Die Informationen sind eingefroren, es fließt überhaupt nichts mehr. Sie bekommen sie in einem tiefgefrorenen, das heißt nicht aufbereiteten Zustand. Dann werden Sie aufgefordert: ›Jetzt tauen Sie die Informationen doch einfach auf. Es sind nur wenige Handgriffe nötig.‹«

Dabei greift die Clubmanagerin in die Schüssel und gibt jedem Gast einen Eiswürfel in die Hand. »Das kann jetzt natürlich etwas dauern, bis Sie an die Information kommen«, bemerkt sie lachend.

Die Gäste halten den Eiswürfel in der Hand, manche frösteln, manche reiben ihn zwischen den Handflächen, manche legen ihn auf den Tisch. Aber eines haben sie inzwischen gemeinsam: Sie lachen über diesen Vergleich, sie lachen über diese unsinnige Vorgehensweise, sie lachen, weil sie alle so etwas – im übertragenen Sinne – schon einmal erlebt haben.

»Welches Prinzip des Informationsflusses verwenden Sie bei der Schertz & Keks GmbH denn so hauptsächlich?«, fragt Paul W. Isabella N.

Sie antwortet mit einem Augenzwinkern: »Die Demonstration des Informationsflusses war wirklich einleuchtend, sogar sehr erfrischend, und es hat mir geholfen, zu verstehen, was bei uns vor sich geht. Aber es tut mir Leid, bei all diesen Varianten war die Informationspolitik einiger Repräsentanten aus dem Innendienst und dem Außendienst noch nicht dabei. Denn die machen es so« – Isabella fängt an zu kichern –, »sie lassen durchsickern, dass es eine wichtige Information gibt, in eingefrorenem Zustand natürlich, und dass diese Information sich irgendwo im ewigen Eis befindet, entweder in der Arktis oder in der Antarktis. Und dann kommt die Aufforderung ›SSM‹. Dieses Kürzel läuft bei uns auch unter dem ›Oster-Syndrom‹ und es bedeutet ›Suchen Sie mal!‹.«

Alle Clubgäste schmunzeln und Paul W. bemerkt: »Nachdem wir jetzt durch spielerisches Herangehen Distanz zum Problem geschaffen haben, braucht Isabella aber noch greifbarere Lösungsansätze.«

Hier hakt Marius S. ein: »Um diesem blockierten Informationsfluss auf die Spur zu kommen, schlage ich vor, gemeinsam eine

Problemlösetechnik einzusetzen. Die Distanz, die wir durch den spielerischen Einsatz des Märchens gewonnen haben, kann noch vergrößert werden durch bewusste Verfremdung und Übertreibung.

Es gibt eine Technik, die besonders geeignet ist für hartnäckige Probleme. Sie arbeitet mit der absurden Verdrehung des Problems und mit der Distanz zum Problem und sie kann eine gute Portion kreativen Humors freisetzen. Diese Technik nennt sich ›Gift- und Gegengift-Technik‹.

Sie beruht auf dem allopathischen Grundsatz, dass es zu jeder Substanz eine ihr entgegenwirkende gibt, wie zum Beispiel zu fast jedem Gift auch ein Gegengift existiert. Bei dieser Technik werden Sachverhalte vollkommen umformuliert, in eine ›Gift-Welt‹ versetzt. Anschließend werden konsequent Gegengifte definiert. Diese Gegengifte sind dann das Heilmittel, das tatsächlich nützt.

Auf die Situation bei S & K angewandt, lautet demnach die Frage, die Isabella bewegt: ›Wie kann der Informationsfluss zwischen dem Innendienst und dem Außendienst überhaupt verbessert werden?‹

Um diese Frage zu bearbeiten, versetzen wir sie jetzt in die ›Gift-Welt‹ und fragen: ›Wie kann der Informationsfluss verschlechtert werden?‹ Ach nein, das ist nicht giftig genug, fragen Sie: ›Wie kann der Informationsfluss verhindert werden?‹

Ja wirklich, stellen Sie sich den Informationsfluss als das Unangenehmste vor, das es gibt, so eine eklige grüne Bazille mitten im gemütlichen Tagesgeschäft. Diese überflüssigen Fakten, diese unnötigen Details, diese andauernden Störungen, diese anstrengende Kommunikation, immer wieder etwas Neues, das ist doch grauenvoll...«

Isabella fragt zaghaft: »Sie meinen, ich soll jetzt mal richtig giftig sein, total negativ und alles nur zerstören?«

»Seien Sie richtig giftig, und wenn etwas von Ihrer Wut über die Probleme hineinfließt – dann ist das durchaus willkommen. Denn Wut ist ja auch Energie, und die können Sie jetzt gut gebrauchen.«

Isabella N. assoziiert verschiedene Möglichkeiten, wie der Informationsfluss gründlich außer Funktion gesetzt werden kann. Dabei wird sie von den Clubmitgliedern unterstützt.

Immer wenn sie wieder freundlich und harmonisch wird, wenn sie versucht, doch noch Frieden zu stiften, dann stacheln die Clubmitglieder sie an. Sie erinnern Isabella N. daran, dass sie sich zurzeit in der Gift-Welt befinden. Und allmählich gewöhnt sich Isabella an diese Gift-Welt, über manche besonders unsinnigen oder bösartigen Ideen muss sie immer wieder lachen.

Auf diese Weise kommen die folgenden Vorschläge zustande:

A

Die Innendienstler leugnen einfach, dass sie den Außendienst überhaupt kennen. Sie sagen, mit diesen Stümpern haben wir nichts zu tun. Wir machen hier unsere Arbeit und die sollen ihre machen.

B

Die Außendienstler eröffnen einen ganz exklusiven Club, in den kein Innendienstler hineinkommt. Schließlich sind sie ja die Repräsentanten des Unternehmens die, die weit herumkommen. Als Botschafter der Firma sollte man sich ausschließlich unter seinesgleichen befinden.

C

Die Innendienstler verabreden, dass sie sich in einer anderen Sprache, vielleicht Spanisch, unterhalten, die möglichst niemand vom Außendienst versteht.

D

Bei den Treffen der Außendienstler sollte der Innendienst auf keinen Fall anwesend sein, er sollte am besten gar nicht wissen, dass es ein Treffen gibt.

E

Die Berichtsformulare für die Gespräche mit den Kunden könnten noch detaillierter ausgearbeitet werden und alle möglichen und unmöglichen Sonderwünsche des Kunden mit einbeziehen, für alle Fälle sollte da etwas Kleingedrucktes stehen. Immerhin man weiß ja nie, ob die Kunden beispielsweise nicht plötzlich ein Nashorn wünschen, das mit einem Nilpferd tanzt. Genau für solche Fälle sollte dann schon eine Sonderklausel fertig formuliert sein.

F

Die Außendienstler sollten ihr Reisegebiet vervierfachen – denn dann verkaufen sie sicherlich mehr. Die längeren Strecken zum Firmenstandort oder an den Wohnort verkraften sie schon. Schließlich sind sie ja gerne unterwegs und lieben es, im Auto durch die Gegend zu fahren.

G

Die Innendienstler sollten sich spezialisieren auf einzelne Produkte, denn gerade bei Scherzartikeln ist es wichtig, die Bedienungsanleitung genau zu kennen.

H

Die Preise der Produkte sollten geheim bleiben, denn die erfährt der Kunde mit der Rechnung früh genug. Dies gilt besonders für individuelle Preis- und Konditionsvereinbarungen.

I

Die Firmenleitung sollte den Innendienstlern untersagen, die Produkte des Unternehmens zu testen, das wäre einfach nur kindisch.

J

Die Innendienstler und die Außendienstler sollten auf keinen Fall mehr miteinander telefonieren, denn das wäre nicht gut für die Stimmung.

Nachdem diese Gifte-Sammlung erarbeitet ist, fordert Marius S. Isabella und die Clubgäste auf: »Nun wechseln Sie bitte drastisch die Perspektive. Dazu benutzen wir zur Unterstützung den räumlichen Perspektivwechsel.« Alle stehen auf und nehmen einen neuen Sitzplatz ein.

»Jetzt gilt es, aus jedem Gift ein Gegengift zu entwickeln. Diesen Transfer schaffen Sie, indem Sie überlegen, wie Sie den giftigen Sachverhalt nicht einfach nur ins Gegenteil umformulieren, sondern ihn vor allem radikal ins Positive spiegeln können. Wenn zum Beispiel das Gift lautet: ›Reden Sie nicht mehr miteinander‹, dann sollte das Gegengift nicht nur sein: ›Reden Sie wieder miteinander‹.

Hilfreicher und effektiver ist es, auch darüber nachzudenken, wo, wie und wann Sie miteinander reden können. Wie Sie den dafür nötigen Freiraum im Unternehmen schaffen, wen Sie mit einbeziehen können, damit die Gespräche wirklich stattfinden. Denn erst dann wird das Gift wirksam entgiftet.«

Isabella N. bearbeitet mit der Unterstützung der Clubmitglieder die gefundenen Gifte. Dazu breitet sie eine Rolle Makulaturpapier auf dem Boden aus. Folgende Tabelle entsteht:

Gift	Gegengift
»Wie kann der Informationsfluss überhaupt verhindert werden?«	»Wie kann der Informationsfluss zwischen dem Innendienst und dem Außendienst verbessert werden?«
A Die Innendienstler leugnen einfach, dass sie den Außendienst überhaupt kennen. Sie sagen, mit diesen Stümpern haben wir nichts zu tun. Wir machen hier unsere Arbeit und die sollen ihre machen.	**A** Die Innendienstler sollten jede Person aus dem Außendienst persönlich kennen und auch in ihren Eigenarten und Besonderheiten anerkennen. Jeder Mensch ist anders und auch unter den eher als extrovertiert geltenden Außendienstlern gibt es einige stillere Personen. Desgleichen findet sich unter den eher als introvertiert geltenden Innendienstlern auch so manche Außendienstmentalität. Nicht zuletzt wäre anzuregen, dass alle Mitarbeiter des Vertriebs sowohl im Innen- als auch im Außendienst tätig waren, um beide Seiten des Vertriebs besser zu verstehen und auftretende Probleme besser beurteilen zu können. Dieser Seitenwechsel ist ein Pfeiler für mehr Toleranz im Umgang miteinander.
B Die Außendienstler eröffnen einen ganz exklusiven Club, in den keine Innendienstler hereinkommen. Schließlich sind sie ja die weit herumkommenden Repräsentanten des Unternehmens. Als Botschafter der Firma sollte man sich aus-	**B** Die Außendienstler und Innendienstler können sich insgesamt als einen Club verstehen, als eine Repräsentanz des Unternehmens, in der es Innen- und Außenminister gibt. Jede Gruppe besteht aus Spezialisten ihres Fachgebietes. Es geht nur miteinander und nicht gegeneinander. Um ein stärkeres Zusammengehörigkeitsgefühl zu schaffen, könnten gemeinsame Veranstaltun-

schließlich unter seinesgleichen befinden.

gen wie z. B ein Clubabend, ein jahreszeitliches Fest und ein gemeinsames Frühstück stärkend eingesetzt werden.

C
Die Innendienstler verabreden, dass sie sich in einer anderen Sprache, vielleicht Spanisch, unterhalten, die möglichst niemand aus dem Außendienst versteht.

C
Innendienst und Außendienst sollten versuchen, eine gemeinsame Sprache zu entwickeln. Dies beginnt damit, spezielle Fachausdrücke abzugleichen, betrifft aber auch unverständliche Kürzel und Kundenbezeichnungen sowie Abkürzungen und Vermerke im Besuchsbericht über Sonderausstattungen und andere Wünsche. Diese Erkenntnisse sollten auch in die Katalogkonzeption und die Gestaltung anderer Informationsmaterialien einfließen.

D
Bei den Treffen der Außendienstler sollte der Innendienst auf keinen Fall anwesend sein, er sollte am besten auch nicht wissen, dass es ein Treffen gibt.

D
Der Innendienst sollte an der Planung und allen Vorbereitungen des Treffens beteiligt sein, inklusive der Festlegung der zu besprechenden Programmpunkte, zu denen er eigene Themen vorschlagen kann. Damit die telefonische Auftragsannahme auch während der Treffen besetzt ist, wird ein Notdienst eingerichtet. Dieser wird von wechselnden Personen übernommen.

E
Die Berichtsformulare für die Gespräche mit den Kunden könnten noch detaillierter ausgearbeitet werden und alle mögli-

E
Wahrscheinlich sind diejenigen, die die Berichtsformulare schreiben, inzwischen betriebsblind. Es ist zu empfehlen, dass die Formulare übersichtlich und klar sind. Handelt es sich um hand-

chen und unmöglichen Sonderwünsche des Kunden mit einbeziehen, für alle Fälle sollte da etwas Kleingedrucktes stehen, denn man weiß ja nie, ob die Kunden nicht beispielsweise ein Nashorn wünschen, das mit einem Nilpferd tanzt. Und für einen solchen Fall sollte dann schon eine Sonderklausel fertig formuliert sein.

schriftlich auszufüllende Formulare, so ist auf eine gut leserliche Schrift zu achten. Eine Alternative hierzu sind elektronische Vertriebsinformationssysteme, in die jeder, also Innen- wie Außendienst, neu gewonnene Informationen und Absprachen in eine Datenbank einträgt. Damit sind die Informationen schnell und zentral für alle abrufbar. Eine Schulung im Umgang mit dem Programm ebnet die Akzeptanz und verhindert die Weiterführung der alten »Zettelwirtschaft«.

F
Die Außendienstler sollten ihr Reisegebiet vervierfachen – denn dann verkaufen sie sicherlich mehr. Die längeren Strecken zum Firmenstandort oder an den Wohnort verkraften sie schon. Schließlich sind sie ja gerne unterwegs und lieben es, im Auto durch die Gegend zu fahren.

F
Sollte tatsächlich eine Erweiterung des Absatzmarktes anstehen, so sind die einzelnen Vertriebsgebiete neu aufzuteilen und zu überdenken. Wenn keine weiteren Mitarbeiter für den Außendienst eingesetzt werden können, ist über andere, eher indirekte Vertriebswege nachzudenken. Auch könnte eine Überprüfung der Besuchssequenzen bei bisherigen Kunden die Reiseroute verändern. Auf jeden Fall ist dafür zu sorgen, dass die Außendienstler sich nicht durch permanente Reisen auch gedanklich völlig von der »Homebase« abkoppeln. Ebenfalls ist zu bedenken, dass ein ausgewogenes Verhältnis von Reisen und Verweilen am Heimatort möglich ist, da sonst die Zufriedenheit der Außendienstler sinkt und die Stimmung leidet.

G
Die Innendienstler sollten sich spezialisieren auf einzelne Produkte, denn gerade bei Scherzartikeln ist es wichtig, die Bedienungsanleitung genau zu kennen.

G
Die Innendienstler sollten sich nicht damit herausreden, dass sie lediglich die Auftragsannahme verwalten. Es ist empfehlenswert, dass sie über alle Produkte Bescheid wissen und somit auch bei den Produktschulungen anwesend sind. Umgekehrt ist es aber auch empfehlenswert, dass der Außendienst Bescheid weiß über tagesgeschäftliche Abläufe im Innendienst.

H
Die Preise der Produkte sollten geheim bleiben, denn die erfährt der Kunde mit der Rechnung früh genug. Dies gilt besonders für individuelle Preis- und Konditionenvereinbarungen.

H
Der Außendienst sollte sich bereits bei der Kalkulation spezieller Angebote mit dem Innendienst beraten. Es wirkt kooperativ und kollegial, wenn sich während eines Verkaufsgespräches der Außendienst vergewissert, ob dieses oder jenes am Lager verfügbar ist oder ob eine Bestellung überhaupt möglich ist. Außerdem kann dadurch der Außendienst sein erstes spontanes und eventuell unrealistisches Angebot noch einmal mit kühlem Kopf hinterfragen.

I
Die Firmenleitung sollte den Innnedienstlern untersagen, die Produkte des Unternehmens zu testen, denn das wäre kindisch.

I
Eine sinnvolle Verbindungsbrücke zwischen dem Innendienst und dem Außendienst sind Spielnachmittage, an denen alle Produkte von S & K gemeinsam erprobt werden. Dabei können die Produktvorzüge direkt erlebt werden. Und gemeinsames Spielen löst so manche unterschwellige Missstimmung auf humorvolle Weise. Isabella kann dabei

> J
> Die Innendienstler und die Außendienstler sollten auf keinen Fall mehr miteinander telefonieren, denn das wäre nicht gut für die Stimmung.

> als Moderatorin agieren. Es wäre auch denkbar, zur Eröffnung jeder Vertriebsbesprechung eine Spielerunde voranzustellen. Dies schafft auch Akzeptanz für die angebotenen Produkte und ihren spielerischen Nutzen – nicht nur für Kinder.
>
> J
> Gerade wenn viel passiert, sollten der Innendienst und der Außendienst in kontinuierlichem Kontakt stehen. Dabei sind feste Zeitabsprachen sinnvoll. So bekommt der Innendienst aktuell mit, was sich draußen ereignet, und der Außendienst kann seinen Verhandlungsspielraum bei Sondervereinbarungen zeitnah überprüfen.

Marius S. fragt Isabella: »Jetzt haben wir gemeinsam für alle Gifte jeweils ein entsprechendes Gegengift herausdestilliert. Sind diese Gegengifte denn ein Heilmittel, das Ihnen tatsächlich nutzen kann?«

»Es ist wirklich überraschend, wie dieser Transfer geklappt hat«, antwortet Isabella N. »Diese schreckliche und giftige Welt voller Intrigen und Bösartigkeiten hat sich verwandelt in konstruktive und greifbare Ansatzpunkte, die ich bereits morgen mit dem Geschäftsführer klären kann.«

»Das liegt daran, dass die Gift- und Gegengift-Technik Denkblockaden und eingefahrene Sichtweisen offenbart«, erklärt Marius S. »Der Nutzen liegt in der Diagnose des Kerns eines hartnäckigen

Problems. Besonders bei verknoteten Kommunikationsstrukturen, totgeredeten Problemen und scheinbar ausweglosen Situationen ist diese Technik wirkungsvoll. Die Verfremdung und Übertreibung lockert, setzt kreativen Humor frei und lässt konstruktive Lösungsansätze entstehen.«

Isabella verabschiedet sich: »Mit Humor betrachtet, wird alles gleich viel einfacher. Und ab morgen werde ich alle Aufgabenstellungen des Tagesgeschäftes etwas spielerischer und vor allem leichteren Herzens angehen – auf jeden Fall werde ich es versuchen – ich, Scherzabella die Erste. Ab morgen haben die Probleme bei S & K nichts mehr zu lachen!«

Das sechste Kreative Abenteuer
Kreativ-Kompetenz Motivationsfähigkeit

Heute ist erst Donnerstag, auch diese Woche scheint kein Ende zu nehmen. Immer wieder schaut Norbert O. auf den Wandkalender: noch drei Wochen bis zu seinem Winterurlaub. Der Höhepunkt des Tages ist der Moment, in dem er abends sein Büro verlassen kann. Gleich ist es wieder soweit und heute Abend steht ein Besuch im Club K.U.N.T.E.R.B.U.N.T. auf dem Programm.

Nur noch für den Feierabend und die Zeit außerhalb des Büros zu leben? Kann das denn wirklich Antrieb genug sein?

Norbert O. fühlt sich gespalten in einen Arbeits- und einen Freizeitmenschen. Schließlich hat er ja nicht einfach einen Reißverschluss, mit dem er sich in zwei Hälften teilen könnte. Vielleicht kann heute der Club K.U.N.T.E.R.B.U.N.T. dazu beitragen, dass sich die beiden Lebenswelten wieder verbinden und so wieder mehr Zufriedenheit entstehen kann?

Kalt ist es heute **U**nd neblig, dennoch **T**ragen wir dazu bei, dass **E**s um **R**ichtungsweisende **B**eweggründe **U**nd **N**eue **T**aten geht . . . .

Die Leuchtschrift scheint ihm zuzuzwinkern und ihn zu ermuntern, seine Geschichte gleich zu erzählen.

Norbert O. tritt in den Flur der Villa und sobald er seinen schweren Wintermantel abgelegt hat, fällt auch schon ein Teil seiner Last von ihm ab. Er versorgt sich mit einer bunten Auswahl an Kanapees und macht es sich auf dem neu hinzugekommenen blauen Samtsofa bequem.

Pünktlich um 20.00 Uhr haben sich alle Clubgäste im Bunten Salon eingefunden, man kann hier auf die Zuverlässigkeit und Eigenmotivation aller Gäste vertrauen.

Dass dies keine Selbstverständlichkeit ist, wird ihm immer klarer und heute ist es ihm ein Bedürfnis, diese Wertschätzung auch einmal auszudrücken: »Liebe Clubgäste, liebe Clubmanagerin, ich genieße die Abende mit Ihnen allen sehr und ich wünschte mir, eine solch angenehme und inspirierende Atmosphäre auch in meiner Abteilung schaffen zu können. Denn unter dem dort herrschenden Klima leide ich wirklich sehr. Davon möchte ich Ihnen heute Abend berichten und gemeinsam mit Ihnen nach Ansatzpunkten zur Verbesserung suchen. Seit fünf Jahren bin ich nun Leiter einer ambulanten Altenhilfe, wir heißen MOBILE Pflegedienste.

Unser Motto lautet ›Lebensqualität durch Pflege zu Hause‹, denn Sie wissen, einen alten Baum verpflanzt man nicht so einfach. Wir ermöglichen es alten und kranken Menschen, in ihrer gewohnten Umgebung zu bleiben – solange dies irgendwie geht.

Und wir arbeiten hart daran, dass die Pflege von alten und kranken bzw. pflegebedürftigen Menschen als Tätigkeit die ihr entsprechende gesellschaftliche Anerkennung erhält. Schließlich wird die Bevölkerung insgesamt immer älter. Die Alterspyramide steht auf dem Kopf, es wächst also auch der Anteil an Pflegebedürftigen.

Die moderne Gesellschaft wird nicht mehr von familiärer Fürsorge gestützt. Großfamilie ist ein Begriff aus der Vergangenheit.

Vereinzelung und Isolierung nehmen zu, und es sind immer mehr Menschen auf externe Pflege und professionelle Hilfe bei der Alltagsbewältigung angewiesen.

Wir wollen diese Themen wieder sichtbar machen und verdeutlichen, dass Leben und Krankheit, Leben und Tod untrennbar zusammengehören. Und wir wollen ältere, pflegebedürftige Menschen und Menschen mit Behinderungen so in ihrer Umgebung unterstützen, dass sie Lebensqualität verspüren – auch und gerade in ihrer Situation.

Eine meiner Aufgaben in unserem Pflegedienst ist es, die Bewertung, sprich also die Geringschätzung unserer Tätigkeit durch die Gesellschaft zu verändern. Im Prinzip kämpfen wir mit den gleichen Problemen wie alle sozialen Berufe. Wir bieten eine Leistung an, die auf den ersten Blick von jedem gemacht werden könnte. Manche Alte, Behinderte oder auch Kranke werden durch ihre Angehörigen versorgt, demnach kann unsere Arbeit doch gar nicht so schwer sein. Wir haben also in der Tendenz den gleichen gesellschaftlichen Status wie etwa Erzieherinnen, denn Kinderbetreuung beherrscht doch angeblich auch jeder.

Wir sind für einen Arbeitsbereich zuständig, den andere nicht übernehmen wollen oder können und sich gegen Entgelt davon befreien. So wird es zumindest von einem großen Teil der Bevölkerung wahrgenommen.

Hinzu kommt die gesellschaftliche Tabuisierung von Krankheit, Gebrechlichkeit und Tod. So dass es den Angehörigen unserer Klienten oft am liebsten wäre, wir würden unsere Arbeit völlig im Verborgenen erledigen.

Gleichzeitig wird von uns ein immenses Fachwissen gefordert. Denn über die Pflege und Betreuung hinaus sollen wir eine Veränderung des Krankheitsbildes interpretieren können. Wir sollen nicht nur Krankheitssymptome, Medikamente, hygienische Grundregeln, Diätvorschriften, psychologische Bedürfnisse, juristische

Aspekte, gesetzliche Bestimmungen, sondern auch noch den Zeittakt der Pflegetätigkeiten im Auge behalten.

Und obwohl wir meist nur wenige Stunden in der Woche mit der Pflege betraut sind, werden wir von Angehörigen immer wieder beschuldigt, etwas nicht rechtzeitig mitbekommen zu haben. Wir arbeiten in einem permanenten Spannungsfeld. Auf der einen Seite wird extrem hohes und breit gefächertes Fachwissen eingefordert. Auf der anderen Seite bekommen wir von Angehörigen oft das Signal, sie könnten unsere Arbeit natürlich viel besser erledigen – wenn sie nur genügend Zeit hätten.

Die Arbeit meines hoch qualifizierten Personals wird von den Angehörigen nur selten wertgeschätzt. Läuft die Pflege optimal, kommt keine Reaktion, Beschwerden werden dagegen sofort gemeldet. Dies führt zu einem massiven Motivationsverlust bei meinem Team und natürlich auch bei mir.

Und neulich musste ich mir sogar anhören, wir verschwendeten öffentliche Gelder. Es habe doch keinen Sinn, sich hier zu engagieren. Unsere Kunden, also die Klienten, dämmerten ohnehin nur vor sich hin. Und schließlich stürben sie ja doch, es sei nur eine Frage der Zeit. Wozu also noch Lebensqualität? All diese Bemühungen seien nicht mehr zeitgemäß – der Nutzen und die Wertschöpfung unserer Arbeit sei nicht klar nachvollziehbar und ließe sich somit wirtschaftlich nur schwer ermitteln.

Wir gelangen also – unter streng ökonomischen Kriterien betrachtet – zu einem Missverhältnis von Kosten und Leistungen bzw. von Kosten zu Nutzen. Dies gilt insbesondere vor dem Hintergrund kurzfristiger Betrachtung, denn der Erfolg unserer Arbeit stellt sich nicht mit den Quartalen eines Wirtschaftsjahres ein. Das Kriterium Lebensqualität entzieht sich einer Kosten-Nutzen-Analyse.

Uns fehlen die Argumente für weitere Projekte, die auch Ökonomen überzeugen. Denn im sozialen Bereich ist es nicht üblich, alle Aktivitäten ausschließlich nach quantitativen Kriterien zu beurteilen. Der notwendige Pflegeaufwand ist pro Person so unterschiedlich und individuell, wie es Menschen nun einmal sind. Zuwendung ist nicht quantifizierbar oder gar standardisierbar, diesen Ansatz halte ich für menschenunwürdig.

Und trotz dieser wenig motivierenden Gesamtlage: Unser Team arbeitet und arbeitet und arbeitet. Nicht selten werden Überstunden gemacht und teilweise wird ehrenamtlich zusätzliche Arbeit geleistet. Doch die Situation unserer Klienten verbessert sich nicht maßgeblich. Auch die Akzeptanz und Anerkennung unserer Arbeit in der Gesellschaft steigt nicht. Alte Menschen und Pflegebedürftige haben eben keine wirkliche Lobby!

Diese Situation bringt mich langsam an den Rand meiner Leistungsfähigkeit. Dabei habe ich vor fünf Jahren hoch motiviert und voller Energie und Tatendrang als Geschäftsführer begonnen. Inzwischen geht mir die Luft aus. Ich verwandle mich immer mehr von Robin Hood in Sisyphus. Ich rolle einen Stein unter viel Anstrengung den Berg hinauf, nehme alle Last auf meine Schultern und oben angekommen, rollt der Stein auf der anderen Seite des Berges wieder hinab und ich kann von vorne anfangen. Ich weiß wirklich nicht, wie lange ich diese Arbeit noch leisten kann.

Auch meine Mitarbeiterinnen und Mitarbeiter bekommen das zu spüren, ihnen ist anzumerken, dass sie die Belastungen und die mangelnde Anerkennung unserer Arbeit nicht mehr so einfach wegstecken können. Doch wie kann ich von ihnen Motivation verlangen, wenn ich mich selbst kaum mehr motivieren kann? Ich lasse mich vom Papierkram des Tagesgeschäftes auffressen, verwalte und verwalte und komme gar nicht mehr dazu, meine eigentlichen Führungsaufgaben wahrzunehmen. Ich bin wahrlich kein gutes Vorbild mehr!

Diese Situation zermürbt mich und das gesamte Team, in letzter Zeit kommt es immer öfter zu Streitigkeiten und Diskussionen, in denen aufgerechnet und angeschuldigt wird.

Am schlimmsten war es Anfang dieser Woche. Der Sohn eines unserer Klienten hat mich aufgebracht angerufen und sich beschwert, dass die pflegerische Betreuung seines Vaters sehr zu wünschen übrig ließe. Daraufhin wollte ich die Sache mit dem verantwortlichen Pfleger klären. Aber alles, was mir einfiel, war ihn anzuklagen und auf die angeblichen Missstände hinzuweisen, anstatt seine Beharrlichkeit und Geduld im Umgang mit dieser doch anspruchsvollen Familie positiv anzuerkennen.

Und dieses Klima ist leider keine gute Ausgangsbasis für neue Ideen und kreative Impulse. Doch genau diese brauchen wir so dringend, wenn es uns gelingen soll, das Image unserer Institution positiv aufzuladen.«

Als Norbert O. mit seinem Bericht endet, bleibt es noch eine Weile ganz still in der Runde. Einige der Clubgäste blicken auf den Fußboden und studieren das Muster des Parketts.

Schließlich bricht die Clubmanagerin das Schweigen: »Lieber Norbert, vorhin haben Sie den Club K.U.N.T.E.R.B.U.N.T. so freundlich wertgeschätzt. Ich glaube, es ist an der Zeit, dass nun auch Ihnen und Ihrer außergewöhnlichen Arbeit die gebührende Wertschätzung entgegengebracht wird. Sie scheinen schon so weit in die Spirale der Demotivation und Frustration geraten zu sein, dass Sie selbst die Perspektive der Kritiker und Ignoranten angenommen haben.

Doch nur wer sich selbst wertschätzen kann, ist auch in der Lage, andere wertzuschätzen. Und das drückt sich dann im Verhalten gegenüber anderen im Team aus. Am besten ist es, den Defizit-Blickwinkel zu verlassen. Klar, wir erinnern uns meist zuerst und nachdrücklich an alles, was nicht optimal gelaufen ist, und vergessen dabei ganz, dass es trotz allem immer auch einige Aspekte gibt, die positiv hervorzuheben sind.

Bei allem Gerede über Distanz und Kritikfähigkeit, Menschen sind eben empfindlich gegenüber Kritik und das gilt generell – auch wenn sie auf konstruktive Weise geäußert wird. Die meisten Menschen verbinden mit Kritik nun einmal keine positiven Erinnerungen, sie fühlen sich beschämt und verspüren den Drang zur Abwehr und Rechtfertigung. Das liegt unter anderem daran, dass jeder von uns eine Art emotionales Konto führt, wenn wir es mal so nennen wollen, in dem er einträgt, welchen Wert er von anderen beigemessen bekommt. Und Kritik landet dabei eindeutig auf der belastenden Seite.«

»Leider scheint es aber so, dass Wertschätzung in der heutigen Zeit überhaupt nicht mehr gefragt ist«, schaltet sich Christina C. in die Diskussion ein.

»Oder aber völlig missverstanden wird, erst recht, wenn dieser Begriff in einem ökonomischen Zusammenhang benutzt wird«, ergänzt Ferdinand M., der seit zehn Jahren die ›Bauzentrale‹ leitet, einen Fachhandel für Baumaterialien.»›Nicht alles, was zählt, kann gezählt werden, und nicht alles, was gezählt werden kann, zählt‹, das hat schon Albert Einstein gesagt, um dem Messbarkeitswahn etwas entgegenzusetzen.

Und dennoch gibt es ein Bedürfnis nach Nachvollziehbarkeit. Also, lassen Sie uns doch jetzt alle zusammen sichtbar machen, worin die Leistung von Norbert O. als Leiter dieser Organisation besteht.«

Zu Norbert O. gewandt, fährt er fort:»Stellen Sie sich vor, Sie werden gefragt, was Sie denn eigentlich so machen als Geschäftsführer. Dumme Frage, denken Sie vielleicht, das ist doch offensichtlich, ich bin der Geschäftsführer und meine Tätigkeitsfelder stehen doch in der Stellenbeschreibung des Arbeitsvertrages. Aber nehmen Sie bitte mal den Blick von außen ein. Ist das, was Sie als Geschäftsführer von MOBILE Pflegedienste als Dienstleistung erbringen, denn wirklich greifbar? Sie produzieren schließlich nicht Brote, die man in Pfund wiegen kann und die einzeln verkauft werden. Sie bauen auch keine Mauer, die nach Länge, Breite und Höhe in Metern messbar ist.

Ich vermute, dass den wenigsten klar ist, was Sie als Organisation wirklich bewegen. Auch was Sie als Geschäftsführer leisten, wird möglicherweise nicht transparent genug.

Bei der Übung ›SICHTBAR‹ bitte ich Sie, im Sinne einer Wertschätzung der eigenen Person zu untersuchen, welche wichtigen Rollen Sie spielen. Denken Sie sich mehrere fantasievolle Berufsbezeichnungen aus und heften Sie sich diese wie Ehrennadeln als Auszeichnung an.«

Norbert O. beginnt seine verschiedenen Rollen aufzuzählen. Manchmal stockt er, benennt zwar die Tätigkeit, aber die Rolle dazu fällt ihm nicht auf Anhieb ein. Oft sind es dann die wertschätzenden Anmerkungen der Clubmitglieder, die ihm auf die Sprünge helfen. Alle Rollen, für die er eine Berufsbezeichnung findet, schreibt er auf Kärtchen, die er mit einer Sicherheitsnadel an seinem Sakko befestigt:

»Ich bin Norbert O., der Geschäftsführer von MOBILE Pflegedienste.«

»Ich leite ein Team von achtzehn Personen und nutze deren Talente.«

> **TALENTMAKLER**

»Ich baue den Kontakt zu den Entscheidern auf und halte ihn auch.«

> **BOTSCHAFTER**

»Ich handle mit den Kostenträgern die Pflegesätze aus.«

> FINANZEXPERTE

»Ich stehe in ständigem Kontakt mit anderen Pflegediensten.«

> NETZWERKER

»Ich fülle Berge von Verwaltungsformularen aus.«

> VERWALTUNGSFACHMANN

»Ich bringe alles zu Papier, was in dieser Organisation so passiert, zum Beispiel als Geschäftsbericht.«

> CHRONIST

»Ich akquiriere Sponsoren und verhandle mit ihnen über die Konditionen.«

> DIPLOMAT

»Ich arbeite mit in vier verschiedenen Arbeitsgemeinschaften.«

> AGENT DES WANDELS

Kreativ-Kompetenz Motivationsfähigkeit

»Ich moderiere die Teamsitzungen mit dem Leitungsteam.«

> **MODERATOR**

»Ich bin Anlaufstelle für alle Probleme im Team.«

> **BERATER**

»Ich unterstütze mein Team und jeden Einzelnen darin, sich persönlich weiterzuentwickeln, neue Potenziale zu entdecken und zu fördern.«

> **COACH**

»Ich bin immer auf der Suche nach professionellen und kompetenten Mitarbeiterinnen und Mitarbeitern für unsere Organisation.«

> **NACHWUCHS-SCOUT**

»Ich untersuche gesellschaftspolitische und wirtschaftliche Trends.«

> **TRENDFORSCHER**

»Ich arbeite an neuen Dienstleistungen und an der Optimierung unserer bisherigen Prozesse.«

> **ERFINDER**

»Ich achte auf die Einhaltung der gesetzten Termine für Verträge oder Modellprojekte.«

> ZEITPLANER

»Ich schreibe Fachartikel und gebe Interviews zu unserer Arbeit.«

> PR-EXPERTE

»Ich vertrete die Interessen der Klientinnen und Klienten gegenüber den Kostenträgern.«

> ANWALT

»Ich suche und finde die Sollbruchstellen in Projekten.«

> PROJEKTMECHANIKER

»Ich inszeniere Integrationsveranstaltungen, wie beispielsweise Sommer- und Stadtteilfeste.«

> REGISSEUR

Nach einer Viertelstunde ist eine Vielzahl von unterschiedlichen Rollen zusammengetragen. Norbert O. tritt vor den Spiegel im Eingangsbereich des Salons und betrachtet sein über und über dekoriertes Sakko mit den unterschiedlichen Rollen, die er bei seiner Tätigkeit als Geschäftsführer ausübt.

»Es tut gut, wenn man sich tatsächlich und buchstäblich einmal vor Augen führt, wie viele Rollen man in einer Person einnimmt! Und wie viel man tatsächlich leistet. Und das gilt ja nicht nur für mich allein, sondern für jeden in unserem Team. Eigentlich sind wir bei MOBILE Pflegedienste ja noch viel mehr Personen, als auf den ersten Blick sichtbar wird – vorausgesetzt, wir könnten für jede Rolle, die wir einnehmen, auch gleich noch einmal in Erscheinung treten. Ich werde diese Übung zu Beginn unserer nächsten Teambesprechung mit allen machen. Ich glaube, das ist ein geeigneter Auftakt für eine wertschätzende Zusammenarbeit.«

»Genau! Diese zuversichtliche Einstellung gefällt mir an Ihnen schon viel besser. Wenn es Ihnen durch diese Übung gelingt, sich selbst positiv einzustimmen, dann ist damit schon ein wesentlicher Beitrag zur Wertschätzung und positiven Anerkennung geschaffen. Selbstwertschätzung ist umso wichtiger, je schneller sich die Umgebung wandelt. Denn der Ursprung von Selbstvertrauen liegt nun einmal in einem stabilen Selbstwertgefühl«, sagt Ferdinand M. »Zudem müssen Ökonomie und Ethik keinesfalls in Widerspruch zueinander stehen, sondern können sich durchaus sehr gut ergänzen. Schließlich geht es immer um Menschen und um menschliche Werte und den Umgang miteinander in einer Organisation. Wer sich selbst nicht wertschätzend verhält, wird auch keine zufriedenen Mitarbeiter und Mitarbeiterinnen haben.

Wenn diese dann die Organisation, in der sie tätig sind, ebenfalls nicht wertschätzen, so kann kein gutes oder gar motivierendes Arbeitsklima entstehen und schon gar keine Kundenzufriedenheit, denn die stellt sich erst über Mitarbeiterzufriedenheit ein. Und nur zufriedene und begeisterte Kunden bleiben auch Kunden.«

Ein Stichwort für Christina C.:»Das klingt plausibel, denn sicherlich meinen Sie mit ›Zufriedenheit‹ ja keinesfalls nur ein selbstgefälliges Ruhen im Status quo. Das würde Motivation im Sinne von Antriebskraft ja eher verhindern. Zufriedenheit möchte ich hier verstanden wissen als stärkendes und motivierendes Gefühl, als Individuum mit den eigenen Bedürfnissen und Wünschen angenommen und ernst genommen zu werden. Denn das ist es, was wirkliche Zufriedenheit ausmacht und dann auch Energien freisetzt.«

»Schauen wir uns diese Zusammenhänge doch einmal genauer an«, fordert Ferdinand M. die Clubgäste auf.
Er greift in das Glas mit den angebotenen Salzstangen. Er zählt vier Stück ab und legt sie auf dem Tisch zu folgender Figur:

Auf seine Frage, was zu sehen sei, antwortet Isabella N.:»Also, ich sehe ein M, und das steht wahrscheinlich für Motivation.«

»Ganz genau«, erwidert Ferdinand M.,»zur Zeit sehen Sie ein M, das heißt Sie suchen nach einer Energiequelle für Motivation. Für die Suche nach einer Problemlösung hat sich ein Perspektivwechsel schon häufig als hilfreich erwiesen. Also wechseln Sie doch bitte jetzt die Plätze.«

Norbert O. tauscht den Platz mit Isabella N., die jetzt etwas verständnislos reagiert: »So sehe ich ein großes W. Und jetzt?«

»Sie haben gerade erlebt, wie sich ein M zum W verwandelt hat, dadurch, dass Sie sich in Bewegung gebracht haben. Was kann sich denn hinter dem W verbergen? ›Wollen? – Wünschen?‹ – ›Wertschätzung‹?«

Ferdinand M. schreibt auf ein Blatt Papier »Wertschätzung« und befestigt es mit einem Klebestreifen am Fenster.

»Über die Vermittlung von Wertschätzung kann die Motivation wirkungsvoll gefördert werden: Wertschätzung bedeutet ja keinesfalls, dass jemand nur abgeschätzt und auf Qualitäten taxiert wird, um dann mit einem bestimmten Wertschätzungsfaktor abgestempelt zu werden.

Wertschätzung heißt, die Werte des Unternehmens nicht nur als theoretische Lippenbekenntnisse mitzuführen, sondern sie im Organisationsalltag mit Leben zu erfüllen und alle Mitarbeiterinnen und Mitarbeiter einzubeziehen. Es geht darum, die Mitmenschen ins Zentrum der Aufmerksamkeit zu stellen und so den eigentlichen Schatz im Unternehmen bzw. in der Organisation zu finden. Und dazu bedarf es keinesfalls immer großer Gesten.

Im Gegenteil, auf die großen Gesten und die materiellen Anreize haben sich viele Unternehmen bereits eingelassen, meist so sehr, dass sie sich schon für vorbildlich halten, wenn wieder einmal Geld geflossen ist.

Allerdings sind es oft gerade die leisen Töne, die Dinge, die zwischen den Zeilen transportiert werden, die eine große Wirkung erzielen können. Leider wird das in den meisten Organisationen vernachlässigt. Das, was kränken kann, wird nicht erkannt, das, was motivieren könnte, wird übersehen.«

»Aber was hilft dann?«, erkundigt sich Norbert O.

»Die kontinuierliche und konsequente Vermittlung von Wertschätzung führt zu einem organischen Wertschätzungskreislauf, der alle Aspekte der Zusammenarbeit belebt. Dazu nenne ich Ihnen ein paar Beispiele. Die mögen Ihnen banal vorkommen, aber achten Sie doch in Zukunft darauf, wo sie vorkommen.

Der Wertschätzungskreislauf beginnt bei der freundlichen und exakten Namensnennung, also nicht ›Frau Krokus‹, sondern ›Frau Klara Krokus‹ und der genauen Bezeichnung der Tätigkeit. Zum Beispiel sollte man besser sagen ›sie ist verantwortlich für‹, als gönnerhaft zu erklären ›sie unterstützt mich‹. Dabei kommt es natürlich entscheidend darauf an, dass diese Bezeichnungen ehrlich gemeint sind und nicht in grandiosem Wortschaum stecken bleiben.

Wertschätzung beinhaltet außerdem funktionelle Aspekte wie einen Arbeitsplatz, der nach ergonomischen Gesichtspunkten eingerichtet ist: vom angemessenen Arbeitsstuhl bis zur passenden Tischhöhe. Sie beinhaltet die Einstellung einer verträglichen Raumtemperatur ebenso wie Arbeitspausen, die tatsächlich zum Auftanken geeignet sind.

Wir bei der ›Bauzentrale‹ verstehen unter Wertschätzung auch die Pflege eines freundlichen Umgangstons im Unternehmen sowie nach außen. Sogar in der Bereitstellung möglichst einfacher Formulare sehen wir ein Zeichen der Wertschätzung.

Wertschätzung wirkt nach innen und nach außen, meist konzentrieren sich die Firmen aber nur auf die Außenwirkung: nette Begrüßungsfloskeln, beeindruckende Hochglanzbroschüren, perfekt formulierte Telefongespräche, die wie einstudiert wirken.

Doch die positive Repräsentation nach außen klappt genau dann nicht, wenn die interne Wertschätzung gestört ist. Die daraus resultierende schlechte Firmenstimmung schlägt sich auf die Stimme am Telefon und den Umgangston gegenüber Kunden nieder. Echte Kundenzufriedenheit erreicht man unserer Meinung nach nur durch eine zufriedene Belegschaft.

Jeder braucht jeden in diesem Kreislauf – analog zur Wertschöpfungskette in der Ökonomie: vom Zulieferer, über alle Abteilungen und Bereiche des Herstellers, bis hin zu den Kooperationspartnern und Absatzmittlern auf dem Weg zu den Endabnehmern – alle müssen integriert sein und dafür sorgen, dass kein Wert verloren geht. So bewirkt Wertschätzung gesteigerte Motivation.

Der erhöhte Motivationsfluss wiederum regt die Wertschöpfung im Unternehmen an. Damit haben wir einen organischen Kreislauf.«

Er schreibt das Wort »Motivation« neben »Wertschätzung« und verbindet die beiden Begriffe durch geschwungene Linien miteinander.

In der Zwischenzeit hat Susanne K. auf ein zweites Papier »Wertschöpfung« geschrieben. Sie hängt es rechts neben das erste Blatt und verbindet die Begriffe »Motivation« und »Wertschätzung«

ebenfalls durch eine geschwungene Linie. Die so entstandene Skizze sieht nun aus wie eine liegende Acht.

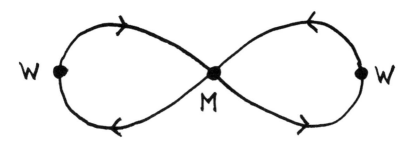

Sie erklärt dazu: »Ich arbeite mich bei diesem Doppelkreislauf jetzt weiter von der Motivation zur Wertschöpfung.

Wertschöpfung entsteht, gemäß der konventionellen ökonomischen Definition, immer dann, wenn im Rahmen eines betrieblichen Transformationsprozesses der dadurch erzielte Umsatz größer ist als die bezogenen Vorleistungen. Wertschöpfend sind nur die Aktivitäten, aus denen ein konkreter Kundennutzen resultiert. Denn nur, wenn der Kunde einen Nutzen für sich entdeckt, ist er bereit, für ein bestimmtes Produkt auch einen bestimmten Preis zu zahlen. Natürlich gibt es hierbei direkt wertschöpfende Aktivitäten im Rahmen des gesamten Wertschöpfungsprozesses.«

»Was bedeutet das denn konkret für uns als MOBILE Pflegedienste?«, fragt Norbert O.

Dazu Susanne K.: »In Ihrer Organisation bedeutet die Wertschöpfung die direkt am Klienten vollzogenen Dienstleistungen, wie zum Beispiel einkaufen gehen, baden und Haare waschen, Körperpflege, Unterstützung bei der Haushaltsführung, Hilfe beim Ankleiden, eine Mahlzeit zubereiten, zu Ärzten und Ämtern begleiten, Kontrolle und Verabreichung von Medikamenten.

Diese wertschöpfenden Dienstleistungen können nur dann erbracht werden, wenn in der Organisation ergänzende Grundfunktionen wie Administration, Organisation, Rechnungswesen sowie Aus- und Weiterbildung gewährleistet sind.

Streng genommen sind diese jedoch keine direkt wertschöpfenden Aktivitäten, sondern Tätigkeiten, die die Organisation indirekt unterstützen. Der Kundennutzen entsteht demzufolge unsichtbar und wird vom Kunden zum größten Teil gar nicht erkannt. Je mehr derartige Aktivitäten existieren und kostenrechnerisch in die Preiskalkulation einfließen, umso teurer werden die Produkte und umso weniger ist der Kunde bei unklarem Nutzen dazu bereit, die entstandenen Kosten zu tragen.

Oder anders formuliert: Wertschöpfung ergibt sich aus der Differenz zwischen der Summe aller vom Unternehmen abgegebenen Leistungen, das heißt Umsätze und eigene Leistungen, zur Summe der vom Unternehmen aufgenommenen Leistungen, das heißt Material-, Personal-, Finanzaufwendungen und Abschreibungen.

Nun haben speziell Organisationen im Dienstleistungssektor den Nachteil, dass ihre tatsächlich wertschöpfenden Tätigkeiten aufgrund der Natur von Dienstleistungen weniger leicht sichtbar zu machen sind, als dies bei Produkten bzw. Sachgütern industrieller Fertigung möglich ist.

Ich möchte den Wertschöpfungsbegriff gerne noch etwas weiter fassen. Ausgehend von ihrer ökonomischen Definition äußert sich Wertschöpfung in materieller Weise durch eine verbesserte Relation von Ergebnis und Einsatz bzw. von Leistungen zu Kosten, also in einer Steigerung der Produktivität und Wirtschaftlichkeit. Demnach sind motivierte Mitarbeiter, die sich in ihren Anliegen und Bedürfnissen ernst genommen fühlen und sich deswegen mehr ins Tagesgeschäft einbringen, ein wertschöpfender Faktor. Sie sind seltener krank, was sich in niedrigeren Krankenstandsquoten ausdrückt, und bleiben dem Unternehmen durchschnittlich länger verbunden, was geringere Fluktuationsraten bedeutet.

Wertschöpfungsorientierung gelingt dann am besten, wenn nicht nur einzelne Mitarbeiter oder Abteilungen wertschöpfungsorientiert und qualitätsbewusst denken, sondern alle Beschäftigten in der Organisation. Ein Motto der japanischen Kaizen-Philosophie bringt es auf den Punkt: ›Ein Schritt nach vorne von vielen Personen ist besser als viele Schritte von nur einer Person.‹

Über die rein ökonomischen Aspekte hinaus lassen sich auch Wertschöpfungsbeiträge im nichtmateriellen Sinne entdecken: Erfolgserlebnisse, Anerkennung, gute Laune und erhöhtes Selbstbewusstsein durch sinnvolle und gestaltende Arbeit. Dies trägt zu einem verbesserten Betriebsklima bei, das unverzichtbare Grundlage für neue Ideen und Innovationen ist. Und dies beeinflusst wiederum die Motivation.«

Hier weist Susanne K. nochmals auf die Abbildung des Doppelkreislaufs hin: »So erhöht die Wertschöpfung dann die Motivation, welche die Wertschätzung im Unternehmen fördert. Und die Wertschätzung erhöht wiederum die Motivation.

Notwendige Voraussetzung für einen funktionierenden Kreislauf ist allerdings Vertrauen. Nur Menschen, die sich gegenseitig vertrauen, arbeiten schnell und effizient zusammen. Und dies gelingt maßgeblich durch einen entsprechend wertschätzenden Führungsstil, das heißt, wenn die Führungskräfte nicht nur die Bedürfnisse ihrer Kunden im Blick haben, sondern auch die Bedürfnisse ihrer Mitarbeiterinnen und Mitarbeiter kennen und diese ernst und wichtig nehmen. Dies setzt Wissen um Aufbau und Förderung von Motivation voraus. Motivation bleibt dauerhaft und ist am wirkungsvollsten, wenn sie aus einem selbst heraus entsteht. Es handelt sich dabei um intrinsische Motivation. Diese ist Ausdruck des menschlichen Bedürfnisses nach Sinnhaftigkeit, Entfaltung, Gestaltung und Ausdrucksfähigkeit. Solche Antriebskräfte sind nicht durch materielle Anreize geleitet.

Im Gegensatz dazu gibt es auch die extrinsische Motivation, die von außen ausgelöst wird. Allerdings ebben Engagement und Begeisterung, die allein aufgrund von materiellen Anreizen entstanden sind, ebenso schnell wieder ab, wie sie entstanden sind, und verlangen dadurch permanent nach MEHR.«

Ferdinand M. zeichnet mit dem Finger nochmals die Abbildung des Doppelkreislaufs nach und erklärt:

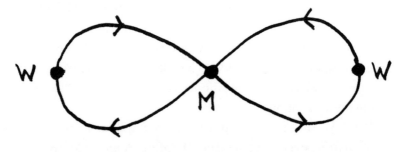

»Jedenfalls zeigt diese Abbildung schlüssig, wie Motivation über die Wertschätzung zur Wertschöpfung führen kann. Und damit können wir das nachvollziehen, was in Organisationen passiert, in denen grundlegende Wertschätzung vorhanden ist.

Um Motivation gezielt zu fördern, ist viel Sorgfalt notwendig. Diese Sorgfalt können wir uns vorstellen als eine Art Wartungsaufwand, der ein motivationsförderndes Klima begünstigt. Dieser Wartungsaufwand besteht aus dem Wissen um die Bedürfnisse der Menschen im Unternehmen und um die Versorgung dieser Bedürfnisse in diesem Doppelkreislauf.

Denn in allen Organisationen, gleich ob es sich dabei um Unternehmen oder Institutionen handelt, arbeiten immer noch Menschen. Und diese Menschen agieren nicht ausschließlich rational, sondern haben persönliche Empfindungen und durchaus auch emotionale Bedürfnisse. Menschen bleiben Menschen – auch im Businessbereich, glücklicherweise. Somit besteht auch dort ein Bedürfnis nach Menschlichkeit und menschlicher Bestätigung, also nach Wertschätzung. Und es lohnt sich ganz gewiss, diese Investitionsaufwendungen für die Zukunft aufzubringen.«

»Ja, und genau damit können wir ja hier anfangen«, schlägt die Clubmanagerin vor. »Was halten Sie davon, wenn wir heute Abend gemeinsam eine Empfehlungsliste für Ausdrucksmöglichkeiten der Wertschätzung im beruflichen Alltag, zum Beispiel im Team der MOBILE Pflegedienste, erarbeiten?

Zuvor möchte ich aber noch einmal betonen, dass der Ausgangspunkt dieses Doppelkreislaufs in der internen Wertschätzung liegt. Zunächst gilt es, bei MOBILE Pflegedienste die Wertschätzung innerhalb des Teams zu vermitteln. Das wird dazu führen, dass Sie über die entstehende Motivation eine höhere Akzeptanz bei den Kunden und in der Gesellschaft bekommen. Es wird dann in der Zukunft sicherlich zur gesteigerten Wertschöpfung führen. Aber der erste Schritt beginnt intern, und deshalb bitte ich Sie jetzt, sich auf Beispiele zu konzentrieren, welche die Zusammenarbeit innerhalb einer Organisation betreffen.«

Die Clubmitglieder sammeln die Empfehlungen, und nach eifriger Diskussion ist folgende Liste entstanden:

Vermittlung von Wertschätzung innerhalb einer Organisation

Wertschätzung in Bezug auf das Identitätsbedürfnis:

Mitarbeiterinnen und Mitarbeiter mit vollständigem Namen nennen, also von Frau Klara Krokus sprechen statt Frau Krokus oder Frau K. Krokus, auch schriftlich.

Eventuell vorhandene Namenszusätze, Titel usw. kennen und klären, ob und wo diese verwendet werden sollen.

Die exakten Tätigkeitsbereiche der Kolleginnen und Kollegen kennen und immer richtig und vollständig benennen. Dabei unklare Aussagen vermeiden wie z. B.: »Er hilft uns hier ein bisschen«, »Sie unterstützt mich eben«.

Den Kolleginnen und Kollegen für die Repräsentation ausreichend Visitenkarten mit Namen, Titel und Tätigkeitsbereich zur Verfügung stellen.

Namen und Titel von Gesprächspartnern genau einprägen und aussprechen, erst recht von Personen, die man noch nicht so lange kennt wie z. B. Bewerber. Dies gilt besonders bei Menschen mit ausländischen Namen sowie bei Personen mit Doppelnamen, die sich mit diesem auch vorstellen.

Wertschätzung in Bezug auf physiologische Bedürfnisse:

Auf die Raumtemperatur achten und bei extremen oder schlecht verträglichen Temperaturen sofort reagieren. Bei ausgefallener Heizung also unmittelbar Abhilfe schaffen bzw. die notwendigen Maßnahmen in die Wege leiten. Ebenso bei brütender Hitze.
Auf keinen Fall vermitteln: »Das ist jetzt zwar unangenehm, aber das bringt Sie nicht um, halten Sie noch ein bisschen durch ...«
Den Kolleginnen und Kollegen erklären, dass eine als körperlich unangenehm empfundene Raumtemperatur die Konzentration und das Gesamtbefinden stören und dass es selbstverständlich ist, diese im Rahmen des Möglichen zu verbessern.

Die Ausstattung des Arbeitsplatzes und die Bedürfnisse der Benutzerin oder des Benutzers klären. Dies betrifft nicht nur die Farbe der Büroeinrichtung, sondern die Ausstattung des Schreibtisches, die Telefonzuleitung. Ebenso einen ergonomischen Bürostuhl, auf dem man längere Zeit beschwerdefrei sitzen kann und der im Übrigen natürlich auch zur Höhe des Schreibtisches passen sollte.
Auch die Platzierung eines Computerbildschirms ist zu klären. Für einen flimmerfreien Bildschirm muss ebenfalls gesorgt werden.

Die Platzierung des Schreibtisches und seine Ausrichtung im Raum ist ein wichtiges Thema. Bestimmte Positionen sind unangenehm und sollten vermieden werden, z. B. fehlender Blick aus dem Fenster oder ein Schreibtisch mitten im Zugluftstrom.

Es sollte auf ausreichende und sinnvoll ausgerichtete Beleuchtung geachtet werden, dabei die Lichtführung abstimmen auf die individuellen Bedürfnisse der Person.

Auch unterschwellig Wahrgenommenes wie der Geräuschpegel in einem Büro ist zu beachten. Quietschende Bürostühle, knatternde Heizungen, laute Drucker sollten ebenso wenig stören wie Telefonate in der unmittelbaren Umgebung.

Auch der Geruch in Arbeitsräumen sollte bewusst wahrgenommen, gegebenenfalls verbessert werden. Damit ist nicht der wahllose Einsatz von Raumparfüm gemeint, sondern die Beseitigung störender Gerüche wie z. B. Reinigungsmittel, Materialausdünstungen oder Lösungsmittel.

Wertschätzung in Bezug auf Pausen- und Erholungskultur:

Die Pausen, die vereinbart sind, sollten wirklich akzeptiert und eingehalten und nicht lediglich nur geduldet werden. Denn in Pausen werden die Batterien aufgetankt und der Kopf wieder freigemacht. Zudem sind Pausen die besten Informationsaustausch-Börsen.

Empfehlenswert ist, frei zugängliche Getränke wie Mineralwasser und Tee anzubieten. Sehr gut kommen die Alternativen zum einheitlichen Kaffee-Massenkonsum an, wie grüner Tee, Kräutertee und Säfte.

Besonders wichtig ist, rauchfreie Zonen oder aber auch Raucherzonen klar auszuhandeln.

Wertschätzung in Bezug auf Telefongespräche:

Die Telefongespräche mit Kolleginnen und Kollegen freundlich führen und nicht wie standardisierte Sprechmaschinen, erst recht dann, wenn nach außen von individueller Betreuung und Beratung gesprochen wird.

Sich beim Telefonieren auf das Gespräch konzentrieren und nicht nebenbei E-Mails lesen oder in Schriftstücken blättern.

Es sollte klar geregelt werden, wer wann die akustische Visitenkarte des Unternehmens ist. Es ist unfair, das Telefon auf den Kollegen oder die Kollegin umzuschalten, ohne zuvor entsprechende Informationen gegeben zu haben.

Wertschätzung in Bezug auf E-Mails:

Den E-Mail-Verteiler mit Bedacht und Sorgfalt auswählen und den Betreff so formulieren, dass die Empfänger die Nachricht nicht erst öffnen müssen, um zu wissen, worum es geht. E-Mails nicht wahllos verteilen.

Kommunikationswege und -kanäle angemessen zur Situation, zum Inhalt der Botschaft und zum Ansprechpartner wählen, also keine seitenlange E-Mail schicken, wenn es nur darum geht, eine knappe Information auf den Punkt zu bringen.

Wertschätzung in Bezug auf Gespräche mit Mitarbeiterinnen und Mitarbeitern:

Bei Gesprächen wirklich zuhören und ausreden lassen statt »hm, hm, ... ich verstehe...« murmeln.

Ehrliches Lob und echte Anteilnahme vermitteln statt gönnerhaft eingestreute Floskeln.
Konstruktive Kritik statt dauerhafter Nörgelei. Es gibt immer mindestens einen Aspekt, der sich auch in schwierigen Situationen positiv hervorheben lässt.

Termine so einplanen, dass man nicht dauernd gestört wird. Keinesfalls dem Gesprächspartner vermitteln, er halte einen von den »eigentlich wichtigen« und zu erledigenden Dingen des Tages ab. Kurz gesagt: WIRKLICH Zeit nehmen für die Anliegen anderer.

Das persönliche Gespräch mit einzelnen Mitarbeiterinnen und Mitarbeitern suchen, durchaus auch spontan und nicht immer nur formal und einmal im Jahr bei einem Zielvereinbarungsgespräch.

Wertschätzung in Bezug auf Meetings:

Mobiltelefone können auch schweigen – besonders in Veranstaltungen und Besprechungen.

Pünktlichkeit als Ausdruck von Interesse für die anderen Personen begreifen und nicht als Zwang.

Meetings vorstrukturieren, damit die Zeit und Energie der anderen nicht verschwendet wird mit unausgegorenen Details.

Wertschätzung in Bezug auf Fortbildung:

Den Mitarbeiterinnen und Mitarbeitern die Möglichkeit zu berufsbezogenen Fortbildungen eröffnen, durch einen Überblick über die Angebote und durch individuelle Empfehlungen.

Innovationstoleranz ausüben: Wer Mitarbeiterinnen und Mitarbeiter zu Weiterbildungsveranstaltungen schickt, sollte mit echten Veränderungen rechnen, im »Ernstfall« sogar damit, dass sie die neuen Impulse in die Praxis umsetzen wollen.

Wertschätzung in Bezug auf Aufmerksamkeiten:

Manchmal etwas schenken oder mitbringen. Auch Kleinigkeiten erfreuen – ein Zeitungsausschnitt, ein Apfel oder ein Lieblingskeks.

Mitarbeitergeschenke wirklich individuell auswählen. Nicht jeder freut sich über teure Luxusartikel wie z. B. Champagner oder Cognac, erst recht nicht, wenn die Person gar keinen Alkohol trinkt, was vielfach immer noch nicht vorstellbar scheint.

Mitarbeitergeschenke eher zu persönlichen Anlässen statt zu allgemeinen Festen und Feiern überreichen, also eher zum Geburtstag oder zum fünfjährigen Jubiläum in der Firma oder zum Abschluss eines Projektes als zu Weihnachten oder Ostern.

Besondere Situationen und Ereignisse schaffen, nach einer schwierigen Besprechung eine wilde Schneeballschlacht veranstalten oder nach einer Teambesprechung alle ins Eiscafé einladen.

Wertschätzung bei der Arbeitsorganisation:

Freiräume und Entscheidungsspielräume selbstverantwortlich und innovationsfreudig nutzen und nutzen lassen. Deshalb den Entscheidungsspielraum, den die Mitarbeiterinnen und Mitarbeiter haben, deutlich benennen und auch einhalten.

Im Rahmen der Entscheidungsspielräume bürokratiefreie Zonen einrichten: Vorgänge, die Kolleginnen und Kollegen selbst verantworten und entscheiden können, von verwaltungstechnischem »Ballast« befreien.

Misstrauensmaßnahmen wie z. B. minutiöse Zeiterfassung, Kontrollblätter und die Kopie der Kopie der Kopie zu einem Vorgang kritisch hinterfragen und gemeinsam überlegen, ob der Arbeitsablauf vertrauensvoller zu organisieren ist.

Den Umgang mit Fehlern offen kommunizieren: Fehler sind keine Katastrophe, sondern eine Chance zum Lernen.

Nach eingehender Betrachtung der umfangreichen Liste sagt Norbert O.: »Hier sind ja jede Menge greifbarer Ansatzpunkte zur Steigerung der Motivation zusammengekommen. Offensichtlich liegt gerade in den kleinen, meist nicht beachteten Dingen die größte Motivationsschubkraft! Mir hat der heutige Abend vieles, was in der Routine des Tagesgeschäftes verloren geht, wieder bewusst gemacht. Ich glaube, ich bin jetzt in der Lage, einen Wertschätzungskreislauf bei MOBILE Pflegedienste in Schwung zu bringen.«

Und mit einem Augenzwinkern fügt er hinzu: »Am besten, ich verleibe mir die vier Salzstangen ein, um die Aspekte von W zu M zu W auch ganz sicher zu verinnerlichen.«

Kreatives

Das siebte Kreative Abenteuer
Kreatives Klima kultivieren

Klima kultivieren

Heute wird im Club K. U. N. T. E. R. B. U. N. T. offensichtlich etwas ganz Besonderes stattfinden.

Als Alexander R. um 10.00 Uhr aus dem Fenster seiner Kanzlei auf das Nachbargrundstück sieht, wundert er sich nicht wenig: Was wird uns heute Abend wohl alle erwarten? Nun, es ist ja auch der letzte Clubabend in diesem Jahr. Und auch er selbst möchte zu einem gelungenen Abend beitragen. Er schmunzelt bereits jetzt über seine kleine Überraschung, die er für alle im Club vorbereitet hat. Dann widmet er sich wieder seiner Arbeit, um in genau zehn Stunden durch den Garten in die Villa zu gehen. Die Leuchtschrift blinkt:

Kreativität Ungestüm Neuigkeiten Theater Effizienz Reichweite Besonnenheit Unfug Netzwerk Tanz . . . .

20.00 Uhr: Alle Clubgäste sind im Bunten Salon versammelt.

Der Raum ist wie immer gemütlich warm. Wie immer sind die diversen Sitzgelegenheiten umgestellt, so dass sich alle Gäste erst einmal neu orientieren. Wie immer sind einige Alltagsgegenstände bunt verstreut. Wie immer erscheint der Raum fröhlich, eben kunterbunt.

Die Clubmanagerin eröffnet den Abend gut gelaunt: »Liebe Gäste des Club K.U.N.T.E.R.B.U.N.T., heute ist unser letzter Abend in diesem Jahr und ich möchte diesen Abend mit Ihnen in ganz besonderer Weise begehen. Im Club K.U.N.T.E.R.B.U.N.T. laufen die Uhren ja bekanntermaßen anders. Das haben Sie ja an den langen Clubabenden in diesem Jahr selbst erlebt und deshalb ist es nur konsequent, dass wir auch zu einem anderen Zeitpunkt den Jahresabschluss haben als alle anderen in dieser Stadt.

Wir wollen Rückblick halten, aber auch den Ausblick riskieren, über gute Vorsätze, Visionen und Ziele für das vor uns liegende Jahr sprechen. Vergnügen, Spaß und Spiel sollen dabei natürlich nicht zu kurz kommen.

Lassen Sie uns zur Einstimmung heute mit einem Begrüßungsritual beginnen, das die Delegation aus Spunkasien gerne durchführt. Dieses Ritual heißt ›Energiepegel‹ und gibt uns einen Einblick in das Stimmungsklima hier im Raum. Es ist sozusagen ein Indikator für Ihre Energietanks, die bei einigen von Ihnen so gegen Ende des Jahres möglicherweise schon etwas aufgezehrt sind. Für den gemeinsamen Jahresrückblick ist es nun wichtig, den Energiepegel hier im Club zu messen.

Bitte beschreiben Sie, wie Sie sich im Moment fühlen, wie es Ihnen geht und wie viel Energiereserven Sie zur Verfügung haben. Schreiben Sie Ihre bunt gemixten Assoziationen dazu bitte auf die Transparentbögen, die ich jetzt herumgebe. Als kreative Herausforderung gilt die Regel, dass Sie nur Begriffe mit den Initialen Ihres Namens als Anfangsbuchstaben verwenden. Wenn also jemand beispielsweise Eva-Maria Veerport heißt, kann sie schreiben: »**e**nergetisch **m**ehr **v**erschlafen« oder »**e**hrlich **m**omentan **v**ertig« oder auch »**e**cht **m**ächtig **v**antastisch«.

Wie immer gehen wir bei solchen Kreativ-Warm-ups im Club K.U.N.T.E.R.B.U.N.T. großzügig mit der Rechtschreibung um.«

Die Clubmitglieder schreiben ihre Assoziationen zum individuellen Energiepegel auf Transparentpapier:

CHRISTINA C. creativ caputt	ALEXANDER R. auch riesig gespannt
SUSANNE K. sagenhaft kraftgeladen	PAUL W. prima wohlfühlmäßig
ISABELLA N. in der Tat neugierig erschöpft	PIERO D. positiv durchgeschüttelt
ALFONS E. also ehrlich hundemüde	MARIUS S. multi schlapp
SOFIA W. spaßig wachsam	MARKUS L. mächtig lebenslustig

Kreatives Klima kultivieren

> **FERDINAND M.**
> forsch mutig

> **MAXIMILIAN Z.**
> metamäßig zugefroren

> **Norbert O.**
> nächtlich ordentlich
> offensichtlich neugierig

Mit einer galanten Verbeugung überreicht Norbert O. der Clubmanagerin ein Mobile: »Nachdem Sie alle mir neulich so wertschätzend beigestanden haben und mir viele Impulse für unsere Arbeit bei MOBILE Pflegedienste gegeben haben, habe ich noch einmal über die Bedeutung von mobil und Mobile nachgedacht. Und ich möchte Ihnen dieses Mobile überreichen.
Ein Mobile ist ein wunderbares Symbol für ein Team, weil alle Teile in einer Balance sind. Gerät es einmal aus dem Gleichgewicht, so pendelt es sich von selbst wieder ein. Genau das passiert auch in einem ausgewogenen Team.«

»Dann werden wir dieses wunderbare Geschenk doch am besten gleich dazu nutzen, um unseren heutigen Energiepegel daran sichtbar zu machen«, beschließt die Clubmanagerin. Alle befestigen ihren Transparentbogen am Mobile, das danach erst einmal heftig schwankt und sich dreht, allmählich aber wieder auspendelt. »Jetzt wissen wir also, auf welchem Energieniveau, in welcher Stimmung jeder Einzelne ist, und sehen, dass es da eine enorme Spannbreite gibt heute Abend.«
»Das gleicht sich bestimmt wieder aus«, meint Norbert O., »so wie jeden Donnerstag, auch wenn wir uns bisher den Energiepegel im Raum nicht so explizit bewusst gemacht haben.«

Woraufhin Susanne K. fragt: »Mich interessiert, wie wir das immer schaffen. Woran liegt es, dass wir uns donnerstagabends nach einem anstrengenden Tag in den Club schleppen, und dass dann so viele gute Ideen entstehen und so angeregte Diskussionen. Und dass wir jedes Mal sogar energiegeladen und voller Tatendrang nach Hause gehen? Hinter dieses Geheimnis zu kommen, wäre doch eine geeignete Aufgabe für unseren Jahresabschluss. Gewissermaßen als Rückblick und nebenbei erhalten wir Erkenntnisse für die Zukunft.«

»Vorausgesetzt, wir haben heute Abend keine Fallschilderung« – die Clubmanagerin schaut von einem zur anderen, doch keiner meldet Bedarf an. »Dann widmen wir uns heute Abend dem Thema ›Kreatives Klima‹.«

Christina C. übernimmt spontan: »Es gibt eine sehr wirkungsvolle Vorgehensweise, um herauszufinden, was das Besondere an unserem Club ist. Die Klimadiagnose bringt es auf den Punkt. Mit ihrer Hilfe lässt sich das Wesen, also die Grundphilosophie einer Organisation erschließen. Bei ihr wird nicht nur wild durcheinander assoziiert, sondern Schlüsselformulierungen lenken die Assoziationen. Eine solche Schlüsselformulierung ist: »Wir achten darauf, dass ...«

Christina C. schreibt den Satzanfang auf eine Karte und hängt sie ganz oben in den Kronleuchter, an dem heute Dutzende von grünen Bindfäden angebunden sind. Diese hängen als lose Schnüre nach unten, fast sieht es aus wie ein rankender Hängegarten. Dann greift sie nach den bereitliegenden bunten Kärtchen und verteilt sie an die Clubgäste.

»Bitte schreiben Sie zu der Formulierung ›Wir achten darauf, dass ...‹ möglichst mehrere ganz verschiedene Ergänzungen, damit ein möglichst buntes Kaleidoskop an Meinungen und Ansatzpunkten entsteht.«

Hier das Ergebnis:

Kreatives Klima im Club K. U. N. T. E. R. B. U. N. T.

Wir achten darauf, dass ...
- jeder jeden ausreden lässt.
- in der Phase der Ideenfindung in keiner Form Kritik geäußert wird.
- jedes Problem verantwortungsvoll beleuchtet wird und nicht vorschnell Lösungen gesucht werden, die womöglich gar nicht passen.
- die Clubgäste so unterschiedlich sind, also so ›bunt‹ sind, wie der Club K. U. N. T. E. R. B. U. N. T. ist: Geschlecht, Alter, Beruf, Ausbildung, Nationalität, Interessen und Talente – es soll eine kunterbunte Mischung sein.
- wir von der Unterschiedlichkeit und den verschiedenen Sichtweisen profitieren können. Es ist die Unterschiedlichkeit, die uns verbindet und bereichert.
- alle im Club gleichberechtigt sind.
- wir eine Atmosphäre des Wohlfühlens schaffen, sie bewusst immer wieder neu schaffen, und das heißt, auch einmal etwas verändern.
- für das leibliche Wohl gesorgt ist.
- eine Balance zwischen Tun und Denken entsteht.
- Probieren über Philosophieren geht und über Studieren.
- experimentelles Probehandeln mit ungewissem Ausgang möglich ist.
- ein ausgewogenes Verhältnis von Information und Animation pro Abend und Fallschilderung samt Analyse entsteht.

- alle aufkommenden Ideen von allen übernommen werden können und dürfen.
- wir offen und ehrlich miteinander und mit uns selbst umgehen.
- niemand sich seiner Gefühle zu schämen braucht.
- wir uns in unseren Anliegen und Gedanken gegenseitig ernst und wichtig nehmen.
- wir keinen durch ›gut gemeinte‹ Ratschläge erschlagen.
- jeder seinen individuellen Weg zur Lösung seines Falles selber findet und bestimmt, welche Schritte in welchem Tempo gemacht werden. Niemand wird unter Druck gesetzt.
- wir den Freiraum haben, ungestört zu denken.
- wir uns regelmäßig und zu einem fest vereinbarten Termin und Rhythmus treffen, so dass die Kontinuität im Club gesichert ist.
- wir zur vereinbarten Zeit beginnen können und andere nicht warten lassen.
- wir das Know-how der Mitglieder als wichtige Ressource nutzen.
- wir mit Improvisationstalent und ohne perfektionistische Ansprüche die vorhandene Ausstattung des Clubs nutzen.
- gute Ideen und Lösungsansätze anerkannt und gewürdigt werden.
- neue Gäste jederzeit Zugang haben. Die Tür der Villa ist immer offen, man gelangt ohne Geheimcode jederzeit hinein.
- alle unsere Ideen und Anregungen an jedem Abend visualisiert werden, sie also konkret und anschaulich nachvollziehbar sind.
- alle Anregungen, Ideen und Techniken in einem Club-Buch gesammelt werden, damit dieses wichtige Know-how nicht verloren geht. Dieses Club-Buch gehört allen, jeder kann zu jeder Zeit und zu jedem Bedarf darin nachschlagen.
- jeder freiwillig in den Club kommt. Das regelmäßige Erscheinen ist sozusagen eine Selbstverpflichtung auf freiwilliger Basis.

- sich die Individualität auch in der Raumgestaltung ausdrückt und wir die Möglichkeiten des Raumes nutzen.
- wir unsere gemeinsamen Ressourcen vernetzen, um den Ideenfluss zu aktivieren.
- es keinem peinlich oder unangenehm ist, nicht alles zu wissen oder einen Fehler zu machen. Fehler begreifen wir als Lernchancen, an denen man wachsen kann.
- gemeinsames Lernen und die Veränderung von eingefahrenen Denk- und Verhaltensmustern möglich ist.
- Ideenkiller und Kreativitätsvampire keine Chance im Club K.U.N.T.E.R.B.U.N.T. haben.
- der Club K.U.N.T.E.R.B.U.N.T. eine Kompetenz-Plattform ist und bleibt.

Die Clubmitglieder befestigen ihre einzelnen Kärtchen mit den bereitliegenden Wäscheklammern an den Schnüren des Kronleuchters. Nach und nach werden nun alle Kärtchen näher betrachtet.

Christina C. ist begeistert: »Wenn ich all diese von uns zusammengetragenen Aspekte betrachte, wird mir klar, warum hier im Club Lösungen möglich sind, die wir außerhalb nicht erreichen.«

»Es klingt zwar paradox, aber uns hier im Club gelingt es ›kalkulierbar schöpferisch‹ zu sein«, erklärt die Clubmanagerin, »das heißt, wir schaffen es, eine kreative Balance zwischen systematischem Vorgehen und Intuition zu halten.

Das ist möglich durch den Dreiklang bzw. das Zusammenspiel von **KÖNNEN – WOLLEN – DÜRFEN.**«

Sie schreibt die drei Begriffe mit Wachsmalstift auf die Fensterscheibe.

Kompetenz

- Können
- Wollen
- Dürfen

Dann fährt sie fort: »Nicht nur der Einzelne, sondern auch räumliche und zeitliche Faktoren spielen eine entscheidende Rolle, um wirklich kalkulierbar schöpferisch sein zu können. Dazu gehören immer innere UND auch äußere Erfolgsfaktoren.
Wir haben hier an den Clubabenden viel erfahren über Kreativ-Kompetenz. Doch um auf einem Gebiet kompetent zu sein, bedarf es, entsprechend der Definition des Begriffs ›Kompetenz‹, nicht nur des Befähigtseins, sondern auch des Befugtseins. Der Begriff umfasst also das KÖNNEN, WOLLEN und DÜRFEN gleichermaßen.
Dass Sie alle WOLLEN, darin besteht für mich kein Zweifel. Und dass wir alle viele Anregungen bekommen haben, WIE wir im beruflichen und privaten Alltag kreativ an die Herausforderungen und Aufgabenstellungen herangehen KÖNNEN, das zeigen unsere Ergebnisse und Ihre zahlreichen positiven Berichte.
Doch ist mir durchaus auch bewusst, und viele Ihrer Fallschilderungen zeigen es immer wieder, dass es auch Rahmenbedingungen und Umstände gibt, die es einem zumindest erschweren, seine

Kreativ-Kompetenz auch tatsächlich zur Anwendung bringen zu DÜRFEN. In diesem Fall stimmt das Kreative Klima nicht. Und dennoch muss letztlich jede Veränderung im Verhalten, jede Neuerung von einem selbst ausgehen. Denn wer ausschließlich die äußeren Umstände beklagt und alle Missstände im Außen sucht, bringt sich nur vermeintlich in eine bequeme Position. Wer alle Probleme und gar die Schuld anderen anlastet, hat sich, genau genommen, in eine aussichtslose Position manövriert. Er macht sich abhängig von anderen, hat selber keinen aktiven Handlungsspielraum mehr und blockiert damit seinerseits Lösungs- und Veränderungsmöglichkeiten. Wenn sich etwas bewegen soll, müssen zuerst einmal wir selbst uns bewegen. Das konnten Sie alle im Verlauf dieses Jahres jeden Donnerstag erfahren. Auch wenn es manchmal ein längerer und schwierigerer Weg bis zur Lösung war, Sie alle haben immer wieder ehrlich und offen Ihre Gewohnheiten, Denk- und Verhaltensweisen überprüft und waren neugierig auf Neues.

Sie haben Ihre Perspektivwechselfähigkeit erprobt und haben sich darauf eingelassen, Ihren Einfallsreichtum zu zeigen. Sie haben Mut bewiesen, haben Ihren Humor wachtrainiert und Sie haben auch Ihre Motivationsfähigkeit gefördert. Insgesamt haben wir gemeinsam Wesentliches zum Thema Kreativ-Kompetenz erarbeitet und erlebt.

Und Sie haben es mit Begeisterung und Regelmäßigkeit geleistet. Über die gesamte Zeit ist es Ihnen allen gelungen, die Donnerstagabende für unsere Clubtreffen zu reservieren und sich wirklich Zeit zu nehmen. Gerade dieser regelmäßige Rhythmus hat uns zu nachhaltigen und wertvollen Erkenntnissen verholfen auf dem Weg der persönlichen Weiterentwicklung und Entfaltung. Für Ihre ehrlichen und offenen Fallschilderungen, die uns alle zu neuen Lösungsansätzen und Betrachtungsweisen inspiriert haben, danke ich Ihnen ebenso wie für Ihren kollegialen und wertschätzenden Umgang miteinander. Auf diese Art ist es uns gelungen, auf jeden im

Club individuell einzugehen, ihn oder sie in den ganz persönlichen Anliegen ernst und wichtig zu nehmen und uns gegenseitig zu helfen. Ich danke uns allen für kritikfreie Zonen und reichhaltige Ideen, für aktives Zuhören sowie für Ihren Mut zum Experimentieren und Infragestellen. In unserem interdisziplinären, bunten Expertenteam, wenn ich es so nennen darf, können alle voneinander profitieren und eigene Erfahrungen und Kenntnisse einbringen.«

Maximilian Z. spricht für alle Mitglieder: »Wir danken Ihnen, dass Sie uns in Ihrer Villa und durch Ihre Großzügigkeit und Gastfreundschaft hier im Club K.U.N.T.E.R.B.U.N.T. überhaupt Raum für all diese Erfahrungen und Erkenntnisse angeboten haben.«

»Oh, vielen Dank für diesen bunten Strauß an Wertschätzung. Und jetzt lassen Sie uns aus diesem Abend etwas Besonderes machen und Kreative Abenteuer erleben.« Sie greift nach einem Kärtchen: »Hier steht etwas von Information und Animation. Ich glaube, den Informationsnutzen haben wir heute Abend geschafft – aber wie sieht es mit dem Animationsnutzen aus?«

»Auch dafür ist bereits gesorgt«, antwortet Alexander R.: »Wir alle haben für den heutigen Abend etwas mitgebracht. Die kreative Herausforderung an uns lautete: ›Wie können wir den letzten Abend im Jahr zu einem besonderen Highlight werden lassen und dabei die Club-Philosophie auf besondere Weise erlebbar machen? Und dazu hat jeder und jede von uns in Eigenregie einen Beitrag vorbereitet, und ich muss sagen, ich bin schon sehr gespannt auf die kleinen oder auch großen Überraschungen.«

Es setzt ein geschäftiges Treiben ein. Die Mitglieder gehen zur Garderobe und holen zwischen den Mänteln Pakete hervor, andere Pakete tauchen plötzlich hinter den Sesseln auf. Aus allen Ritzen quellen auf einmal Päckchen heraus, der Bunte Salon ist nun gefüllt mit Paketen, Taschen und Körben. Es ist überwältigend, was die Clubmitglieder alles mitgebracht haben. Sie haben genügend inspiratives Material zusammengetragen, um einen ganzen Abend lang kreativ spielen zu können. Und genau das tun sie jetzt auch.

Alexander R. hat kleine Bonsai-Gärten für alle vorbereitet, mit jeweils einem winzigen Olivenbaum, der in eine weiße Porzellanschale gepflanzt ist. In der sorgsam gekämmten Erde steckt ein Fähnchen mit der Aufschrift: »Wenn Sie neugierig auf die Ernte sind, dann warten Sie einfach zweihundert Jahre.« Er überreicht jedem Gast dieses winzige Stück Landschaftsarchitektur.

Markus L. lädt alle dazu ein, an diesem Abend einmal gründlich die Perspektive zu wechseln und sich in die Kindheit zurückzuversetzen. Dazu öffnet er einen gelben Koffer gefüllt mit Süßigkeiten aller Art. Der Vorrat reicht allerdings nicht lange.

Susanne K. hat auf dem Beistelltisch neben dem blauen Sofa zahlreiche Parfümfläschchen aus ihrer Parfümproduktion aufgereiht. Diese bietet sie als »Schnupperexkursion« an.

Außerdem arrangiert sie ein »silbernes Büffet« auf dem Tisch. Es gibt Liebesperlen, Zuckerwatte, silbrig glänzende Sardinen, Nüsse in schweren Silberschalen und Schokolade und Pralinen in Silberfolie. Sie dekoriert alles mit silbernen Accessoires – Lametta, Kerzenleuchter, sogar silbrige Topfschrubber.

Piero D. traut sich, eine interkulturelle FUN-TASIE zum Besten zu geben. Er präsentiert »Don D. und der alltägliche Kampf gegen die Mühlen der Bürokratie«. Bei dieser Inszenierung stellt er die Bürokratie bei der Existenzgründung als riesige Windmühlen dar und sich selbst und seinen Kompagnon als Ritter, die dagegen ankämpfen. Zusätzlich verteilt er weitere Rollen des Stückes an Clubmitglieder, die auch sofort mit improvisieren.

Isabella N. verblüfft an diesem Abend mit ihrer kreativen Tollkühnheit und mit ihrem altbekannten Humor. Sie hat körbeweise neue Spiele von S & K dabei. Sie gibt alle unfertigen Prototypen zum Experimentieren frei, schüttet Mengen von Luftschlangen und knallbunten Luftballons aus, erklärt die Spiele und animiert zum Mitmachen.

Irgendwann packt Norbert O. einen Aktenkoffer voll Salzstangen aus. Er lädt die Clubmitglieder ein, daraus Buchstaben zu legen und dazu eine passende Geschichte zu erzählen. So entstehen Anekdoten über A wie Abenteuer oder S wie Spaß in Spunkasien.

Um Punkt 0.00 Uhr verschwindet die Clubmanagerin im Wandschrank des Bunten Salons. Als sie kurze Zeit später hinter der Schranktür wieder hervorschaut, hält sie ein Kaleidoskop in der Hand:»Eben hat es Mitternacht geschlagen. Wir haben also nach unserer clubinternen Zeitrechnung gerade ein neues Jahr begonnen. Eine kunterbunte Zukunft liegt vor uns!

Und um optimistisch in die Zukunft zu schauen, habe ich dieses Kaleidoskop eben aus dem Schrank geholt. Wer hineinschaut, bekommt auf spielerische und doch aussagekräftige Weise mögliche Impulse.

Jeder Bestandteil in diesem Kaleidoskop bewegt sich für sich und fügt sich doch immer wieder mit den anderen Teilchen zu neuen, fantastischen Gebilden zusammen. Nur gemeinsam schaffen sie etwas wirklich Neues. Es sind klare Konturen, präzise Formen, sich wiederholende Muster zu erkennen, unterschiedliche Perspektiven bringen neue Einsichten und Ansichten und Aussichten.« Sie reicht das Kaleidoskop herum:»Und jetzt lade ich Sie dazu ein, in aller Ruhe in dieses Instrument der Zukunftserforschung zu schauen.«

Das Kaleidoskop geht weiter zu Susanne K., zu Alexander R., zu Christina C., diese reicht es weiter an Sofia W., die es Norbert O. gibt. Und weiter geht es in der Runde, es folgen Paul W., Isabella N., Piero D., Ferdinand M., Alfons E., Marius S., Markus L., Maximilian Z. bis es schließlich wieder bei der Clubmanagerin landet.

Paul W. ist fasziniert: »Ich denke, wir alle haben hier erfahren können, wie aus vierzehn Einzelteilen ein harmonisches Ganzes wird. Wir hier im Club werden durch das Kreative Klima geschützt und zusammengehalten, wie die einzelnen Glasplatten und Spiegel im Kaleidoskop durch den Rahmen.«

Die Clubmitglieder nehmen sich vor, als Botschafterinnen und Botschafter des Club K.U.N.T.E.R.B.U.N.T. dafür zu sorgen, dass sich dieses Kreative Klima in ihren Abteilungen, in den jeweiligen Unternehmen und Institutionen verbreiten kann. Und selbstverständlich auch in privaten Zusammenhängen, im gesamten Alltag.

Kreative Abenteuer, wie sie jeden Donnerstagabend hier im Club erlebt wurden, sollen in Zukunft auch außerhalb des Clubs für andere Menschen möglich werden. Alle versprechen, sich in ihrem unmittelbaren Umfeld für experimentelles Probehandeln, spielerisches Agieren und die erfolgreiche Bewältigung kreativer Herausforderungen einzusetzen.

Der Club K.U.N.T.E.R.B.U.N.T. wird immer eine verlässliche Anlaufstelle mit Kreativem Klima für alle bleiben. Die Welt des Club K.U.N.T.E.R.B.U.N.T. wird auch weiterhin zu individuellen Lösungen mit hohem Praxisbezug führen. Und auch in Zukunft werden die Clubgäste gestärkt aus dem Club in die Arbeitswelt zurückkehren, werden Anregungen für Veränderung finden und sich dadurch weiterentwickeln.

In der Villa am Rand der großen Stadt knipst die Clubmanagerin die Neonleuchtschrift über dem Eingang aus. Dann geht sie zu Bett. Sie schläft immer mit den Füßen auf dem Kopfkissen und mit dem Kopf tief unter der Decke…

Vom Pippi Langstrumpf-Faktor profitieren

Ein Plädoyer für Kreativ-Kompetenz

Durchblick
Kreativ-Kompetenz in der Welt des Management

Die hier vorgestellten Aspekte der Kreativ-Kompetenz verweisen auf Fähigkeiten, die helfen, die eigene Kreativität jederzeit mobilisieren zu können. Denn bei der Suche nach außergewöhnlichen Lösungen für Aufgaben und Probleme bleibt meist keine Zeit, intuitive Eingebungen und Geistesblitze abzuwarten.

Um Kreativität gezielt einsetzen zu können, ist es erforderlich, alle Facetten der eigenen Kreativ-Kompetenz zu kennen und sie darüber hinaus mit passenden Übungen und Techniken regelmäßig und sorgfältig zu pflegen. Nur so kann sich persönliches Wachstum und in der Folge auch ökonomisches Wachstum durch kreative Mitarbeiterinnen und Mitarbeiter entfalten.

Dieser Wartungsaufwand ist der Preis für die zuverlässige Nutzbarkeit der Ressource Kreativität. Und diese Investition in die Zukunft lohnt sich.

Im Folgenden finden Sie Anregungen, Übungen und Techniken zu allen Aspekten der Kreativ-Kompetenz. Diese Techniken haben wir in unserer Beratungs- und Trainingspraxis entwickelt. Sie bündeln die Erfahrungen und Erkenntnisse aus der Begleitung von dynamischen Kreativprozessen.

Insgesamt geht es bei diesem Methodenrepertoire nicht um fertige Lösungen, sondern darum, Impulse zur aktiven Lösungsfindung zu geben. Diese Ansätze unterstützen erste Schritte in Veränderungsprozessen, sind jedoch kein »Durchlauferhitzer« für deren rasante Beschleunigung.

Die vorliegende Auswahl an Übungen und Techniken verstehen wir als einen impulsgebenden Trainingsparcours zur Förderung von Kreativ-Kompetenz im beruflichen Alltag. Diese Sammlung ermöglicht Ihnen das gezielte Nachschlagen und die praxisorientierte Anwendung der jeweiligen Übungen und Techniken.

Bei der Auswahl haben wir darauf geachtet, dass die Übungen und Techniken sich schnell und direkt in das Tagesgeschäft einbinden lassen. Komplizierte und aufwendige Verfahren, die viel Zeit, Material und Vorbereitung erfordern, haben – erfahrungsgemäß – nur eine geringe Überlebenschance im beruflichen Alltag.

Alle Übungen und Techniken im Buch lassen sich sowohl allein als auch im Team anwenden. In der Teamanwendung bieten sie Ihnen die Chance, als Führungskraft ein Kreatives Klima zu kultivieren und somit die kreativen Ressourcen von Mitarbeiterinnen und Mitarbeitern zu fördern und zu nutzen. Nur wenn es gelingt, die Grundvoraussetzungen für ein Kreatives Klima zu schaffen, kann es auch zu kreativem Wachstum kommen. Denn wer Kreativität und Innovation fordert, sollte sie im Vorfeld auch fördern.

Das folgende Repertoire zum Thema Kreativ-Kompetenz bietet Ihnen
– eine knappe Definition der jeweiligen Kreativ-Kompetenz
– eine Interpretation ihrer Bedeutung in der Welt des Management
– und eine komprimierte Anleitung für die jeweils passenden Übungen und Techniken, die Sie bereits in der Welt des Club K.U.N.T.E.R.B.U.N.T. kennen gelernt haben.

Kreativ-Kompetenz Neugier

Definition:
Die Kreativ-Kompetenz Neugier baut auf Wissbegierde und Wissensdurst. Neugier ist ein breit angelegtes Interesse an der gesamten Umwelt, gepaart mit Experimentierfreude. Neugier hilft spielerisch dazuzulernen. Neugier bedeutet alltägliche Situationen mit Lust und Vergnügen immer wieder neu zu entdecken.
Neugier bedeutet also auch Aufgeschlossenheit und Offenheit Neuem gegenüber. Ebenso äußert sie sich im Sinne von Kreativer Unzufriedenheit, durch kluges Hinterfragen von Bestehendem. Dies wiederum bewirkt vorurteilsloses Handeln und bietet die Chance auf Optimierung.

Bedeutung der Kreativ-Kompetenz Neugier im Management-Alltag:

Neugier ist der Antrieb für neue Ideen, für Neues überhaupt. Gewohntes und Bestehendes zu hinterfragen und konstruktiv infrage zu stellen. Sie ist bereits von Ökonomen des 20. Jahrhunderts wie Joseph Alois Schumpeter, Israel Kirzner und Michael E. Porter als Ausdruck von Unternehmergeist gepriesen worden.
Ohne diese geistige Grundhaltung lässt sich kein Fortschritt und kein Wettbewerbsvorsprung erreichen. Erst recht nicht in einer dynamischen Welt mit immer kürzeren Veränderungs- und Entwicklungszyklen. Doch selbst wenn sich dies nicht allein auf die Pro-

duktentwicklung bezieht, sollte natürlich in den Organisationen auf allen Ebenen und in allen Bereichen das Optimierungspotenzial ermittelt werden. So setzt der Wunsch nach kreativen und eigenverantwortlichen Mitarbeiterinnen und Mitarbeitern selbstverständlich voraus, dass diese nicht nur neugierig sind, sondern es auch sein dürfen.

Mit diesen Übungen und Techniken können Sie Ihre Kreativ-Kompetenz Neugier trainieren:

Die Galerie der Selbstverständlichkeiten

Alle Menschen leben nach Grundannahmen über die Umwelt, andere Menschen, die Art und Weise, WIE etwas getan werden soll. Zum einen besteht diese Galerie aus persönlichen Erfahrungen und im Laufe der Jahre angeeignetem Wissen, zum anderen aus Vorurteilen und nicht hinterfragten Konventionen.

Prinzipiell ist es sicherlich in einer so dynamischen und komplexen Welt wie der heutigen von Vorteil, wenn man auf Verhaltens- und Wahrnehmungsmuster zurückgreifen kann. Andererseits verhindern Glaubenssätze jedoch allzu oft und sehr wirkungsvoll, dass wir auf neue Ideen kommen.

Sie können Ihre persönliche Galerie der Selbstverständlichkeiten aufspüren, indem Sie danach fragen:

- Was setzen Sie einfach voraus, ohne es weiter zu überprüfen?
- Was tun Sie schon immer auf eine bestimmte Weise, ohne noch darüber nachzudenken, fast schon automatisch?
- Wie reagieren Sie, wenn etwas nicht so ist, wie erwartet?

Meine
Galerie der Selbstverständlichkeiten

Förderlich ist eine Galerie der Selbstverständlichkeiten:
- als Orientierungshilfe,
- als Zeitersparnis,
- als Möglichkeit, um mit zunehmender Komplexität umzugehen,
- als bewährtes Ritual, das Sicherheit vermittelt,
- als Ritual, das für Wohlbehagen sorgt,
- als zuverlässiger strukturierender Teil unseres Lebens.

Hinderlich ist eine Galerie der Selbstverständlichkeiten:
- wenn Zwänge entstehen,
- wenn sie zum Verlust von Ressourcen führt,
- wenn man sich inhaltlich »festfrisst«,
- wenn sich Vorgänge verselbständigen, ohne eine wirkliche Berechtigung zu haben.

Wenn Sie mit diesen Schlüsselfragen einige Aspekte Ihrer Galerie der Selbstverständlichkeiten gefunden haben, fragen Sie sich kritisch, welche davon liebenswert, nützlich und somit weiter zu pflegen sind. Diese sollten Sie auch beibehalten.

Alle anderen Anteile der Galerie der Selbstverständlichkeiten sollten Sie als Ansatzpunkte zur aktiven Veränderung nutzen.

Sie können die Galerie der Selbstverständlichkeiten auch einsetzen als Auftakt für ein Kreativ-Meeting oder einen Innovationsworkshop.

Kreativ-Kompetenz Perspektivwechselfähigkeit

Definition:
Perspektivwechselfähigkeit bedeutet, bewusst unterschiedliche Standpunkte und Sichtweisen einnehmen zu können, das heißt von Nähe zu Distanzbetrachtung und von Teil- zu Gesamtbetrachtung wechseln zu können.

Dieser perspektivische Wechsel führt zu einer Relativierung und damit zu einer Minimierung des zu lösenden Problems. Wer ganz nah an einer Sache ist, wer also zum Beispiel direkt in ein Problem involviert ist, kennt zwar jedes Detail seines direkten Umfeldes, verliert jedoch häufig den Überblick über die Gesamtproblematik. Die Redewendung »den Wald vor lauter Bäumen nicht mehr sehen können« drückt dies bildlich aus.

Mit einer distanzierteren Betrachtung ist zwar nicht mehr jedes Detail zu erkennen, dafür aber gewinnt der Blick an Weite. Somit lassen sich vernetzte Zusammenhänge und die Einbettung ins Gesamte klarer erkennen und manches Problem ist nicht mehr so ausweglos.

Unterstützt werden kann der Denk- und Blickwechsel durch einen räumlichen Wechsel, also durch die konkrete Standortverlagerung.

Erkenntnisse aus Kommunikationswissenschaften und Untersuchungen zur Körpersprache bzw. zur nonverbalen Kommunikation haben bestätigt, dass ein direkter Zusammenhang zwischen der inneren und der äußeren Haltung besteht. So gelingt es beispielsweise nicht, die Muskeln des gesamten Körpers anzuspannen und dabei fließend Ideen zu entwickeln.

Bedeutung der Kreativ-Kompetenz Perspektivwechselfähigkeit im Management-Alltag:

Die Vorzüge dieser Kreativ-Kompetenz liegen auf der Hand. Der schnelle Wechsel zwischen Detailsicht und generalisierendem Blick ist Ihnen aus dem Tagesgeschäft sicherlich vertraut.

Doch auch wenn die Vorteile der Perspektivwechselfähigkeit prinzipiell bekannt und anerkannt sind, fällt es zuweilen schwer, tatsächlich umschalten zu KÖNNEN. Besonders schwierig ist dabei nicht nur der Wechsel vom Detail zum Ganzen, sondern vielmehr das Umschalten zwischen zwei ganz unterschiedlichen Denkstilen. Einerseits gilt es, schnell auf den Punkt zu kommen und so treffsichere Entscheidungen zu fällen, andererseits sind für außergewöhnliche Herausforderungen außergewöhnliche Lösungen erforderlich.

Und genau diese neuen Ideen lassen sich nicht durch logisches, zielgerichtetes Denken erzeugen, sondern vor allem durch einen frei fließenden Denkstil.

So manche Denkblockade geht auf die Anwendung des für die jeweilige Situation unpassenden Denkstils zurück. Hier hilft der zielsichere Wechsel des Denkstils, also die Fähigkeit zum Perspektivwechsel, die schon manchen Kreativitätsvampir vertrieben hat.

Mit diesen Übungen und Techniken können Sie Ihre Kreativ-Kompetenz Perspektivwechselfähigkeit trainieren:

Der räumliche Perspektivwechsel

Wenn es darum geht, neue Pfade zu beschreiten, neue Ideen zu entwickeln und dabei neue Sichtweisen zu entdecken, ist es empfehlenswert, diese veränderte Perspektive auch im wortwörtlichen Sinne körperlich einzunehmen.

Jede Sitzgelegenheit in einem Raum gibt optisch einen jeweils bestimmten Raumausschnitt frei und erzeugt einen bestimmten Blickwinkel auf die anwesenden Personen. Auch durch die Höhe der Sitzfläche, durch Rücken- und Armlehne werden Sie körperlich in eine bestimmte Haltung gebracht. Dieses wiederum löst eine entsprechende innere Haltung aus. Der Wechsel der körperlichen Perspektive kann also auch zu neuen Wahrnehmungen und Erkenntnissen führen, da andere Sinneseindrücke zu neuen gedanklichen Impulsen führen. Sicherlich sind auch Ihnen Situationen bekannt, in denen Sie sich inhaltlich festgefahren haben. Ein intuitiver Beitrag Ihres Körpers zur Ableitung der angestauten Energie besteht dann darin, aufzustehen oder gar den Raum zu verlassen. Beim Auf- und Ablaufen im Raum oder beim Spaziergang um den Block kommen Sie in Bewegung und gewinnen Abstand zu der im Moment nicht lösbar erscheinenden Aufgabenstellung. Machen Sie sich dieses unbewusste Signal Ihres Körpers ruhig bewusst zunutze und setzen Sie den räumlichen Perspektivwechsel gezielt ein.

Der geistige Perspektivwechsel

In der Kreativitätsforschung unterscheidet man zwischen dem konvergenten und dem divergenten Denkstil.

Konvergenter Denkstil:
Konvergent (lat. = übereinstimmend, zusammenführend) ist das logische, zielgerichtete Denken. Konvergentes Denken verläuft in systematischen, nachvollziehbaren Schritten in eine Richtung.

Die negative Tendenz dieses Denkstils ist, dass sich die Gedanken dabei verengen können oder dass man sich auf bestimmte Aspekte fixieren kann. Die positive Tendenz dieses Denkstils ist, dass er zielorientiert wirken und Entscheidungen herbeiführen kann.

Dieser Denkstil ist dann wichtig und angebracht, wenn etwas »auf den Punkt gebracht« werden soll, er führt im Ergebnis zu einer Entscheidung, zum Herausfiltern einer Option aus mehreren Möglichkeiten.

Divergenter Denkstil:
Divergent (lat. = entgegengesetzt, verzweigend) ist das frei fließende Denken. Es kann ungeordnet verlaufen und ist keinesfalls logisch nachvollziehbar. Es bewegt sich in viele Richtungen, um möglichst viele Aspekte mit einzubeziehen, und ermöglicht so eine Vielzahl neuer Ideen. Beim divergenten Denken kommt man quasi »vom Hölzchen aufs Stöckchen«.

Die negative Tendenz dieses Denkstils ist, dass er sich in Details verlieren und dabei ausufern kann. Die positive Tendenz dieses Denkstils ist, dass er neue Vorgehensweisen erfinden und damit Chancen eröffnen kann.

Das divergente Denken führt im Ergebnis zu den viel zitierten hundert neuen Ideen, ist also Instrument für kreative Ideenentwicklung.

Das sich ergänzende Zusammenspiel dieser beiden Denkstile ist der Erfolgsfaktor der Kreativ-Kompetenz Perspektivwechselfähigkeit.

Der Wechsel des Denkstils

Sicher haben Sie selbst schon die bewusste Entscheidung für einen Denkstil erlebt. Wenn neue Ideen entwickelt werden sollen, dann ist dafür der divergente Denkstil mit Fantasie, Emotion und Bildern gefragt. Äußert nun jemand inmitten dieses frei fließenden, wild strömenden Ideenflusses konvergente Gedanken zu Logik, Details, Bewertung, Analyse, dann wirkt dies als Ideenblocker. Solche konvergenten Gedanken werden beim Entwickeln von Ideen sofort als Killerphrasen empfunden. Die einzig richtige Reaktion darauf ist, diese konvergenten kritischen Gedanken zugunsten divergenter zurückzustellen, vom konvergenten Denkstil wieder zurück in den divergenten zu wechseln.

Umgekehrt kennen Sie sicher auch die folgende Situation: Wenn Sie bei Besprechungen Daten, Zahlen und Fakten betrachten und bewerten wollen, dann ist der konvergente Denkstil angesagt. Hier geht es um Logik, Struktur, Analyse, Bewertung, Reihenfolge. Bricht nun eine Person aus diesem konvergenten Denkstil aus und bringt fantasievolle, chaotische und sprunghafte (divergente) Gedanken ein, ist das äußerst kontraproduktiv. Die Bitte, sich wieder auf die Tagesordnungspunkte zu konzentrieren, beim Thema zu bleiben, entspricht genau dem gezielten Wechsel des Denkstils von divergent wieder zu konvergent.

In den folgenden Übungen erfahren Sie, wie Sie durch den gezielten Wechsel zwischen beiden Denkstilen bei der Entwicklung und bei der Bewertung von Ideen zu einer hohen Synergie kommen.

Vor der Durchführung des Kreativ-Warm-up sollte die Herstellung einer kritikfreien Zone vereinbart werden. Denn nur so ist gewährleistet, dass die Übung ihre volle Wirkung entfalten kann.

Dazu verpflichten Sie sich, jede Form von Kritik zu unterlassen, wie beispielsweise:

- verbale Kritik durch Getuschel, Zwischenrufe, Killerphrasen
- akustische Kritik durch Getrappel, Geknülle, Geraschel

- mimische Kritik durch Gesichtverziehen, Augenverdrehen
- gestische Kritik durch abfällige Gesten jeder Art

Übungen zum Denkstilwechsel
Die folgenden Übungen können Sie sowohl in der Gruppe als auch allein anwenden.

Um gezielt in den **divergenten Denkstil** zu kommen, eignet sich die folgende Übung:

Schokoladen-Memory:
Schreiben Sie auf, überlegen bzw. berichten Sie, in welcher Form Sie im Laufe Ihres Lebens schon Schokolade genossen haben, das heißt
- **gesehen** (optisch wahrgenommen)
- **gehört** (krachen gehört, knistern gehört)
- **geschmeckt** (gegessen, zerbissen, getrunken)
- **gerochen** (geschnuppert, inhaliert)
- **gefühlt** (berührt, zerrieben)

Verknüpfen Sie diese Erinnerung mit dem Anlass und berichten Sie kurz davon.

Wichtig ist bei dieser Übung, dass Sie nicht nur einzelne, sondern zahlreiche Erinnerungen aneinander reihen. Ebenso sollten Sie darauf achten, dass Sie nicht nur den in der Fragestellung zunächst dominanten Geschmackssinn, sondern darüber hinaus auch die anderen vier Sinne aktivieren.

Eine Alternative dazu ist die folgende Übung:

Wort-Kette:
Gehen Sie von einem beliebigen Wort aus, das aus zwei Substantiven besteht. Denken Sie sich zwischen den Wörtern einen Bindestrich. Auf diese Weise zerfällt das Wort in zwei eigenständige Begriffe. Assoziieren Sie nun jeweils zu dem zweiten Begriff einen weiteren, den Sie wieder mit einem Bindestrich anhängen.

Finden Sie reihum neue Anhängsel, so dass die Wort-Kette wächst. Lösen Sie sich dabei von sprachlichem Perfektionismus. Es geht hier nicht um einen Wettbewerb in origineller Wortgestaltung, sondern um den Anschub eines freien Gedankenflusses.

~ Wort-Kette
~ Ketten-Hemd
~ Hemd-Kragen
~ Kragen-Größe
~ Größen-Wahn
~ Wahn-Sinn
~ Sinn-Spruch
~ Spruch-Band
~ Band-Ansage
~ Ansage-Text
~ Text-Inhalt
~ Inhalts-Angabe
usw.

Um in den **konvergenten Denkstil** zu kommen, können Sie die folgende Übung anwenden:

Die K-Welt:
Finden Sie Antworten, die mit K beginnen, auf die Frage: »Worauf freuen Sie sich?«
Bei diesen Assoziationen können Sie durchaus lässig mit der Orthografie umgehen. Es ist allerdings sinnvoll, sich ausschließlich auf den Buchstaben K zu konzentrieren.

»Worauf freuen Sie sich?«
- *Kanada bereisen*
- *Kochen*
- *Kniggeregeln infrage stellen*
- *Kwalitätsobst genießen*
- *Kanasta spielen*
- *Krem Karamel essen*
- *Knete ausgeben*
- *Kamping machen*
- *Kreative Gedanken haben*

Sie sollten für die Übung den Buchstaben öfter wechseln, da ansonsten stets ähnliche Assoziationen kommen und der eigentliche Effekt, den freien Gedankenfluss zu fördern, verloren geht.

Eine Alternative ist die folgende Warm-up-Übung:

Only White:
Zählen Sie Nahrungsmittel bzw. Getränke auf, die weiß sind. Dabei sortiert das Gehirn Genießbares nach Farben, filtert die weißen heraus und kommt so in den konvergenten Denkstil.

- *Eiweiß*
- *Weißbrot*
- *Mehl*
- *Joghurt*
- *gekochter Fisch*
- *Milch*
- *geschälte Litschies*
- *nicht verbranntes Fladenbrot*
- *Grießbrei*
- *roher Tintenfisch*
- *Reis*
- *weißer Rettich*
- *weiße Schokolade*
- *Majonäse*
- *Zucker*
- *Salz*

Kreativ-Kompetenz Einfallsreichtum

Definition:
Einfallsreichtum bedeutet, über eine blühende Fantasie im Sinne von sprühender Energie, lebendiger Vorstellungskraft und begeisternder Visionsfähigkeit zu verfügen. Oft verbindet sich damit Improvisationstalent, das heißt die Fähigkeit, das Vorhandene geschickt zu nutzen.
Einfallsreichtum äußert sich häufig in sprachlicher Gewandtheit. Mit fantasievoller und fantastischer sprachlicher Ausdruckskraft lassen sich spielerisch neue Sinnzusammenhänge schaffen.

Bedeutung der Kreativ-Kompetenz Einfallsreichtum im Management-Alltag:
Einfallsreichtum und Improvisationstalent sind wesentliche Voraussetzungen, um alltägliche Herausforderungen zu managen. Dies gilt in besonderem Maße bei begrenzten Ressourcen oder einem engen Zeitrahmen. Im Tagesgeschäft lässt sich trotz sorgfältiger Planung nicht alles zuverlässig voraussagen.

Und jeder, der mit Projekten zu tun hat, weiß aus Erfahrung, als wie komplex sich scheinbar einfache Sachverhalte entpuppen können. Nicht selten gehen unter schwierigen Bedingungen begeisternde Visionen als Antriebskraft des Handelns verloren. Dann wird einfach nur noch abgearbeitet und gerettet, was noch zu retten ist.

Dadurch sind die kreativen Kräfte gebunden, die so dringend in einer Engpass-Situation gebraucht werden. Unter solchem Druck kommen keine problemlösenden Gedanken mehr zustande.

Doch manch gute Idee kommt erst gar nicht so weit, bei der Realisierung in einem Engpass zu landen. Oftmals ist es im Vorfeld nicht gelungen, alle Beteiligten für die Idee zu begeistern bzw. ihre Vorzüge überzeugend zu kommunizieren. Ursache dafür ist, dass die Zielgruppe der Idee nicht erreicht wurde, dass also der interne »Absatzmarkt der Ideen« nicht funktioniert hat. Neue Ideen stoßen ja bekanntlich nicht immer nur auf offene Ohren und lassen nicht jeden »Hurra, eine neue Idee! Endlich wird alles anders!« rufen.

Zielgruppenbezogenes Denken ist auf den externen Absatzmärkten, also gegenüber Kunden und Kooperationspartnern, schon lange selbstverständlich. Im Gegensatz dazu ist auf den internen Absatzmärkten, also im Umgang mit Teamkollegen und Mitarbeitern ein marketingorientierter Ansatz bei weitem noch nicht so präsent, obwohl es ebenfalls um Verkauf geht, um den Verkauf von Ideen und Konzeptionen.

Wortgewandtheit und Sprachwitz können sehr wirkungsvolle Instrumente für die Überzeugungsarbeit sein. Vor allem eine bildhafte Sprache wirkt sehr unterstützend. Fantasievoll geschaffene neue Sinnzusammenhänge nutzen beim Überzeugen und beim Verkauf, also auf dem Absatzmarkt der Ideen.

Mit diesen Übungen und Techniken können Sie Ihre Kreativ-Kompetenz Einfallsreichtum trainieren:

Einfallsreichtum ist besonders gefragt, wenn Veränderungen anstehen, wenn Neues geschaffen wird, eben dann, wenn die Routine nicht mehr ausreicht.

Um die Komplexität eines Veränderungsprozesses zur besseren Handhabung sinnvoll zu reduzieren, ist die strukturierende Untergliederung in einzelne Projekte zu empfehlen. Dies gilt insbesondere, wenn knappe Ressourcen oder ein enger zeitlicher Rahmen die Umsetzung erschweren.

Jeder, der schon einmal in einem Projekt mitgearbeitet hat oder ein solches geleitet hat, weiß aus Erfahrung, wie wichtig es ist, dabei auf Unvorhergesehenes gefasst zu sein und diesem einfallsreich zu begegnen.

Projekt-TÜFF:
Von Zeit zu Zeit sollte man den sich laufend verändernden Status des Projektes überprüfen. Um zu einer ganzheitlichen Überprüfung sowohl auf der Sachebene als auch auf der Beziehungsebene zu gelangen, sollte das Projekt möglichst in regelmäßigen Abständen auf den Prüfstand. Dies gilt nicht nur im Sinne einer ökonomischen Analyse mit »Daten, Zahlen, Fakten«, sondern auch in Form einer Interpretation, die Bilder, Emotionen, Fantasie hervorruft.

Dies leistet die Übung Projekt-TÜFF: Die Abkürzung TÜFF bedeutet »Tatsacheninterpretierende Überprüfungs-Fahrzeug-Fantasie«. Sie vergleichen Ihr Projekt mit einem Fahrzeug und können mit Hilfe dieses Bildes seinen momentanen Status ermitteln.

Projekt bedeutet wörtlich übersetzt »das nach vorn Geworfene«, symbolisiert also einen Vorgang, der etwas voranbringen soll. So gesehen, erscheint es schlüssig, dieses »Vehikel« unter dem Aspekt des Vorankommens zu interpretieren.

Bei der Übung Projekt-TÜFF versuchen Sie, sich Ihr Projekt als Fahrzeug vorzustellen, und beschreiben gleichzeitig, in welchem Zustand, vor allem Bewegungszustand, sich dieses Fahrzeug befindet. Als Fahrzeug können Sie sich alles vorstellen, was eine Vorwärtsbewegung ermöglicht. Beim Entwickeln Ihrer Fantasien werden Sie feststellen, dass sich aus dem gewählten Bild aufschlussreiche Parallelen zum Projekt ergeben.

Mögliche Fantasien zu Projekten sind:
- ein Tretroller?
- eine Rikscha?
- ein Tandem?
- ein Kettenkarussell?
- ein Raddampfer?
- eine Galeere?
- ein Gummiboot?
- ein Luftkissenfahrzeug?
- eine Achterbahn?
- ein Zeppelin?
- ein Heißluftballon?
- ein Raumschiff?
- ein Traumschiff?
- ein...

Belebtes-Bühnen-Bild-Technik:
Diese Technik soll die Kultur eines Projektes, also die Gesamtheit der Lebensäußerungen einer Gemeinschaft, auf inspirierende Weise zum Ausdruck bringen. Sie hilft, die Menschen, die Umgangsformen, den Gesamtrahmen und die Erlebniswelt eines Projektes beschreiben zu können. Aus dieser Beschreibung ergeben sich wiederum Ansatzpunkte, die Projekt-Kultur fördern zu können.

Es geht bei der Belebtes-Bühnen-Bild-Technik darum, ein Projekt als imaginäres Szenario aufzubauen und es sich farbig, greifbar, hörbar, fühlbar und geschmacksintensiv vorzustellen. Das Besondere an dieser Technik ist, dass über den visuellen Kanal hinaus auch alle anderen Sinne mit einbezogen werden. Durch das alle Sinne fordernde und fördernde Beleben eines derartigen Bühnen-Bildes entwickelt sich eine nachvollziehbare und überzeugende Erlebniswelt.

Das Bühnen-Bild wird passend zu einer Interpretation des Projektes konzipiert. Diese Interpretation entwickelt sich aus der Vorstellungswelt der Projektbeteiligten und aus der Frage nach der Funktion eines Projektes.

Das Bühnen-Bild wird nicht nur gedanklich eingerichtet, sondern auch detailliert beschrieben, inklusive der Geräusche bzw. Töne, des Geruchs, des Geschmacks der Speisen und Getränke und der durch Wände, Fußboden, Mobiliar usw. ausgelösten Tasterlebnisse. Auch das »lebende Inventar« des Projektes wird inklusive seiner Umgangsformen, Eigenschaften und Vorlieben im Bühnen-Bild fantasiert und protokolliert.

Mögliche Schlüsselfragen dafür sind:

Sehen
- Farben?
- Wände?
- Fußboden?
- Möblierung?
- Materialien?
- Beleuchtung?
- Assoziationen zu Sehen im übertragenen Sinn wie »Transparenz«, »Weitblick«, »Blickwinkel«, »Perspektive«, »übersichtlich«

Hören
- Hintergrundgeräusche?
- Musik?
- Gespräche?
- Assoziationen zu Hören im übertragenen Sinne wie »das Gras wachsen hören«, »die Buschtrommeln verraten, dass...«, »hellhörig sein«

Riechen
- Gerüche?
- Assoziationen zu Riechen im übertragenen Sinn, zum Beispiel »der Stallgeruch«, »den richtigen Riecher haben«, »hochnäsig sein«, »die Nase vorne haben«

Schmecken
- Geschmackserlebnisse?
- Trinken?
- Essen?
- Assoziationen zu Schmecken im übertragenen Sinn wie »Biss haben«, »auf den Geschmack kommen«, »auf der Zunge zergehen lassen«

Fühlen
- Oberflächen
- Raumtemperatur
- Witterungseinflüsse
- Assoziationen zu Fühlen im übertragenen Sinn wie zum Beispiel »greifbare Atmosphäre«, »zwischen den Fingern verlaufen«, » mit beiden Beinen auf dem Boden stehen«

Bewohner/ Lebewesen
- Personen?
- Tiere?
- Pflanzen?

Kommunikation
- Umgangsformen?
- Selbstverständnis?
- Redensarten?
- Zusammenarbeit?

Die Technik eignet sich besonders gut für Gruppen von drei bis sechs Personen, kann aber auch in Einzelanwendung eingesetzt werden.

Die Steuerungsmatrix des Projekt-Management:

Die grundsätzlichen Möglichkeiten der Projektsteuerung sind zusammengefasst in der Steuerungsmatrix des Projekt-Management:

BEI DER GEFÄHRDUNG VON:

		Gesamtleistungsumfang	Qualitätsanspruch	Personalstunden	Produktionsressourcen	Finanzmittel	Projektende
		G1	G2	G3	G4	G5	G6
STEUERUNG ÜBER:	Gesamtleistungsumfang S1		X	X	X	X	X
	Qualitätsanspruch S2	X		X	X	X	X
	Personalstunden S3	X	X		X	X	X
	Produktionsressourcen S4	X	X	X		X	X
	Finanzmittel S5	X	X	X	X		X
	Projektende S6	X	X	X	X	X	

Kreativ-Kompetenz Einfallsreichtum

Wenn im Laufe eines Projektes Unvorhergesehenes eintritt, muss versucht werden, das Ziel mit der Priorität eins zu erreichen, und zwar notfalls auf Kosten der anderen Ziele. Dies bedeutet, Maßnahmen der Steuerung zu ergreifen.

Gefährdung der Projektziele:
G1 bedeutet, der **Gesamtleistungsumfang** ist nicht zu erreichen.
G2 bedeutet, der **Qualitätsanspruch** kann nicht eingelöst werden.
G3 bedeutet, die eingeplanten **Personalstunden** werden nicht ausreichen.
G4 bedeutet, die eingeplanten **Produktionsressourcen** werden nicht ausreichen.
G5 bedeutet, die eingeplanten **Finanzmittel** sind zu gering.
G6 bedeutet, das vorgesehene **Projektende** ist nicht einzuhalten.

Prinzipiell mögliche Steuerungsmaßnahmen:
S1 bedeutet **Verringerung des Gesamtleistungsumfanges**.
S2 bedeutet **Senkung des Qualitätsanspruches**.
S3 bedeutet **Erhöhung der Personalstunden**.
S4 bedeutet **Erhöhung/Erweiterung der Produktionsressourcen**.
S5 bedeutet **Erhöhung der Finanzmittel**.
S6 bedeutet **Verschieben des Projektendes**.

Diese verschiedenen Steuerungsmechanismen sollten in einem gedanklichen Vorlauf erprobt werden. Dann kann entschieden werden, welche Maßnahme für ein bestimmtes Projekt mit seiner speziellen Zielpriorität sinnvoll und realistisch ist. Meist ist es eine Kombination von einzelnen Steuerungsmaßnahmen, die zur erfolgreichen Kurskorrektur im Projekt führt.

Kreativ-Kompetenz Mut

Definition:
Mut ist nicht gleichzusetzen mit wagemutigem Draufgängertum. Es geht eher um die Fähigkeit, sich selbst und andere ermutigen zu können. Dazu bedarf es einer genauen Kenntnis der eigenen Stärken und Schwächen, also einer realistischen Selbstwahrnehmung. Realistisch meint dabei allerdings nicht überkritisch, sondern selbstbewusst, im buchstäblichen Sinne seiner selbst bewusst sein. Erst dann kann sich Selbstvertrauen einstellen, was wiederum die Grundlage dafür ist, dass Gedanken frei fließen können. Wer sich selbst nichts zutraut, wird niemals den Mut aufbringen können, seine Ideen auch vor anderen und in der Öffentlichkeit überzeugend zu präsentieren. Und damit fehlt auch der Mut zu möglichen Fehlern und dem konstruktiven Umgang mit ihnen.

Bedeutung der Kreativ-Kompetenz Mut im Management-Alltag:

Sich Ziele zu setzen, Risiken zu erkennen und rasche Entscheidungen zu treffen, ist Ihnen aus dem beruflichen Alltag bestens vertraut. Dennoch, schon manche Entscheidung wurde verzögert oder gar nicht getroffen, eben weil der Mut zum Handeln fehlte.

Und gerade heutzutage breitet sich zunehmend eine Absicherungskultur aus: Zwar wird das papierfreie Büro angestrebt, zwar klagen alle über die Papier- und E-Mail-Flut, tatsächlich jedoch verstärkt sich die Tendenz, sämtliche Unterlagen aufzubewahren, alle Durchschläge abzuheften, jede E-Mail als Kopie weiterzuleiten, sich in endlosen Besprechungen zum wiederholten und nochmaligen Überdenken zu versammeln.

In einer verunsichernden und komplexen Welt des raschen Wandels wie der heutigen scheint das menschliche Bedürfnis nach Sicherheit zuzunehmen.

Die Absicherungskultur hat jedoch einen Verzögerungseffekt im Hinblick auf notwendige Reaktionen und Entscheidungen. Häufig wird damit ein wertvoller Wettbewerbsvorsprung verschenkt, der gerade darin besteht, entscheidungsfreudiger und SCHNELLER als die Konkurrenz zu handeln.

Wer eigenverantwortliche, selbständige und engagiert agierende Mitarbeiter haben will, muss auch den Mut aufbringen, sie entsprechend handeln und entscheiden zu lassen. Andernfalls kommt es immer wieder zu Irritationen und verunsichernden Situationen. Doch nicht allein das Vertrauen in die Mitarbeiterinnen und Mitarbeiter ist notwendige Voraussetzung für entschlossenes Handeln im Business.

Selbstvertrauen und Zuversicht sind das wichtigste Fundament einer innovationsfördernden Führungskraft.

Selbstkritik ist durchaus angebracht, wenn einzigartige und schwierige Situationen zu meistern sind. Es besteht allerdings die Gefahr, dass darüber Entscheidungsblockaden entstehen und man lieber beim Altbewährten bleibt, anstatt unter neuen Rahmenbedingungen auch neue Lösungen zu suchen. So allerdings sind innovative Ideen kaum zu fördern.

Das Gegenteil von Mut ist Übermut, der sich in beruflichen Zusammenhängen als wilder Aktionismus, Draufgängertum und scheinbare Tollkühnheit äußern kann. Dieses forcierte Agieren führt kaum je zu Erfolg, es produziert oft Lösungen, die das Problem der Ausgangssituation gar nicht erfassen.

Es gilt, die richtige Balance zu finden zwischen wacher Risikobetrachtung, verantwortungsvoller Risikobewertung, kaufmännischer Umsicht und wagemutiger Entscheidungsfreudigkeit.

Konstruktives Infragestellen geschieht weniger aus der Haltung: »Warum sollten wir denn etwas anders machen?«, sondern zielt vielmehr auf die Überlegung: »WAS könnten wir denn anders machen, wenn wir den Mut dazu hätten?«

Mit diesen Übungen und Techniken können Sie Ihre Kreativ-Kompetenz Mut trainieren:

Die Risikobetrachtung

Wer mögliche Risiken und Negativfolgen einer Entscheidung und den schlimmstmöglichen Fall frühzeitig erkennen kann, ist besser auf den Eintritt schwieriger Situationen vorbereitet. Bereits im Vorfeld der Entscheidung, also noch während der Entscheidungsfindung, sollte eine Idee auf mögliche »Kinderkrankheiten« und Denkfallen geprüft werden.

Die mit einer Entscheidung verbundenen Risiken lassen sich dabei vereinfacht in drei Grundkategorien einteilen:

Funktionale Risiken:
- Wird die Entscheidung zu dem gewünschten Ergebnis bzw. dem angestrebten Ziel führen?
- Welcher Nutzen ist mit dieser Entscheidung verbunden oder von ihr zu erwarten?
- Wie lange bindet diese Entscheidung an die damit verfolgte Handlungsalternative?
- Wie flexibel ist ein Wechsel zu einer anderen Alternative gestaltbar?

- Wie schnell verändern sich die Rahmenbedingungen, die zu gerade dieser Entscheidung geführt haben? Wie schnell ist die getroffene Entscheidung also überholt?
- Ist genau jetzt der richtige Zeitpunkt gekommen, um sich durch diese Entscheidung festzulegen?
- Konnten alle für die Entscheidung relevanten Informationen eingeholt werden?
- Wie lässt sich die Entscheidung vereinbaren mit bisherigen Verfahrensweisen und der bestehenden Organisationskultur?

Finanzielle Risiken:
- Ist der Aufwand, also Zeit, Mühe und tatsächliche Kosten in Bezug auf die zu erwartenden Ergebnisse angemessen?
- Welche Ressourcen bindet die Entscheidung? Könnte es bei dieser Entscheidung zur Verschwendung von Ressourcen kommen?
- Welche Folgekosten und nachfolgenden Aufwendungen sind mit dieser Entscheidung verbunden?
- Wurden ausreichend andere Handlungsalternativen abgewogen und bewertet?

Imagebezogene Risiken:
- Wie glaubwürdig gelingt es, die getroffene Entscheidung vor anderen, gegebenenfalls auch Kritikern und Gegnern zu vertreten?
- Wie kompetent wirkt der Entscheidungsträger gegenüber den in die getroffene Entscheidung involvierten Personen?
- Als wie einschränkend wird die getroffene Entscheidung empfunden?
- Ist es eine zeitgemäße, nachvollziehbare und akzeptable Entscheidung?
- Welchen Status kann sich der Entscheidungsträger durch die getroffene Entscheidung verschaffen?

- Wird diese Entscheidung als einsame »one-person-decision« betrachtet oder gelingt es, alle an dem Entscheidungsprozess beteiligten Personen wirklich zu überzeugen?
- Mit welchem Widerstand rationaler Art ist zu rechnen?
- Mit welchem Widerstand emotionaler Art ist zu rechnen?

Die VER-Strategie:
Um in Situationen mit Entscheidungsblockaden voranzukommen, bietet die VER-Strategie einen nützlichen Ansatz zur Lösung des Problems.

Dazu verfahren Sie folgendermaßen:
1. Schritt
Schreiben Sie die Buchstaben VER in die Mitte eines Blattes.

2. Schritt
Überlegen Sie, durch welche Begriffe die Silbe VER ergänzt werden kann, um prinzipiell mögliche Handlungsalternativen aufzuzeigen. Verwenden Sie zur Visualisierung die Kreativ-Technik Mind-Map. Schreiben Sie dabei in Großbuchstaben. Bewerten Sie die Assoziationen zunächst nicht, sondern lassen Sie sie einfach entstehen.

3. Schritt
Wenn die Landschaft sich zu einem spinnennetzartigen Gebilde verdichtet hat, untersuchen Sie, welche der genannten Verhaltensweisen entscheidungshemmend sind bzw. den Leidensdruck verstärken. Diese markieren Sie mit einem roten Stift.

4. Schritt
Untersuchen Sie nun, welche Verhaltensweisen entscheidungsfördernd sein können. Markieren Sie diese mit einem grünen Stift.

5. Schritt
   Entscheiden Sie sich
   – entweder für den Rot-Anteil (im Spinnennetz bleiben und leiden)
   – oder für den Grün-Anteil (das Spinnennetz durch Entschlusskraft verlassen).

Entscheidende Einschnitte:
Um Ihre Entschlusskraft bewusst zu trainieren und Entscheidungskraft konkret zu erleben, gehen Sie vor wie folgt:

1. Schritt
   Legen Sie Papier und eine handliche Schere bereit.

2. Schritt
   Suchen Sie sich einen kontrastreichen Gegenstand.

3. Schritt
   Skizzieren Sie diesen Gegenstand, allerdings nicht mit Bleistift, sondern mit der Schere. Dies gelingt, indem Sie den Gegenstand optisch in hellere und dunklere Bereiche aufteilen. Dabei ist im Bereich der fließenden Übergänge von Hell zu Dunkel Ihre Entschlusskraft gefordert. Die Darstellung des Gegenstandes mit der Schere gelingt, indem Sie die dunklen Partien, das heißt die im Schatten liegenden Teile, herausschneiden. Nun ergibt sich ein Zusammenspiel von Licht und Schatten und dadurch ein kontrastreiches deutliches Bild des Gegenstandes.

4. Schritt
   Trauen Sie sich!

Kreativ-Kompetenz Humor

Definition:

Humor drückt sich in überschäumender Lebensfreude, Glücklichsein, Spaßhaben, positiver Lebenseinstellung aus. Humor kann bedeuten, seinen Gefühlen überschwänglich und lautstark Ausdruck zu verleihen, aber auch in heiterer Gelassenheit selbst in schwierigen Situationen über sich selbst und andere lachen zu können. Humor ermöglicht spielerisches Herangehen an Aufgabenstellungen und zeigt sich in der genialen Fähigkeit, vereinfachen und das Wesentliche erkennen zu können.

Humor im Sinne von Sprachwitz kann gezielt als Instrument der Überzeugungskraft eingesetzt werden, und erleichtert es, etwas durchzusetzen, auf eine witzig-charmante Weise.

Die Bedeutung der Kreativ-Kompetenz Humor im Management-Alltag:

Gerade im Beruf ist eine gesunde Portion Humor hilfreich, vor allem wenn es darum geht, schwierige Situationen zu bewältigen. Ähnlich wie die Perspektivwechselfähigkeit trägt Humor dazu bei, die Dinge aus einer anderen, etwas distanzierteren Perspektive zu betrachten. Wer völlig verkrampft ist, vom Problem völlig vereinnahmt sich allein auf die negativen Aspekte konzentriert, wird keine Problemlösestrategien entwickeln können, sondern sein Gehirn blockieren.

Selbstverständlich kann man ein gravierendes Problem nicht einfach weglachen, doch ist Gelassenheit der erste Schritt zu einer erfolgreichen Problemlösung.

Über Humor und Management wurde gerade in letzter Zeit viel geschrieben, offenbar gilt er besonders in Krisenzeiten als wichtiger Erfolgsfaktor, die herbe Realität lässt sich mit Humor meist besser erkennen und vor allem ertragen.

Humor ist ein Gegengewicht zu dem speziell für Führungskräfte typischen überwiegend rationalen Sachverstand und gilt als Stress abbauendes und damit gesundheitsförderndes Ventil wie auch als eine präventiv wirkende stabilisierende Kraft. Und schließlich drückt sich in Humor die Fähigkeit aus, mit Kritik umgehen zu können, über sich selbst und eventuelle Fehlentscheidungen lachen zu können.

Wer diese sympathische Eigenschaft mitbringt, dem wird es als Führungskraft auch eher gelingen, innovations- und kreativitätsfreundliche Teams aufzubauen. Denn humorvolle Führungskräfte gehen mit gutem Beispiel voran und ermutigen so zu kollegialem Umgang miteinander, was auch die Möglichkeit zur konstruktiven Kritik einschließt.

In solch einem Klima werden sich Menschen gerne und engagiert einbringen und ihre Ideen zur Verfügung stellen. Veränderungsprozesse und Innovationsfähigkeit können maßgeblich durch Humor gefördert oder, im umgekehrten Fall, durch mangelnden Humor, behindert werden.

Mit diesen Übungen und Techniken können Sie Ihre Kreativ-Kompetenz Humor trainieren:

FUN-TASIE – Fantasie mit Spaß

Mit dieser Übung lässt sich Distanz zu einer Situation gewinnen. Beginnen Sie mit einer kreativen Verfremdung und verwandeln Sie die aktuelle Situation in eine Fantasy-Story, in eine Märchen- bzw. Fabelwelt, oder in ein Sciencefictionszenario.

Die beteiligten Personen verfremden Sie mit Fantasie. Überlegen

Sie sich einen passenden Namen und eine neue Rolle für die Heldinnen und Helden der FUN-TASIE. Normalerweise finden diese Personen problemlos die passende Rolle in der verfremdeten Erzählung. Lassen sie sich von den folgenden Schlüsselfragen inspirieren:

Die Erlebniswelt:
– Ein Königreich?
– Ein Zauberwald?
– Ein Dorf in den Bergen?
– Ein Schloss?
– Eine umzingelte Burg?
– Eine Expedition auf der Suche nach dem Heiligen Gral?
– Eine Karawane auf der Reise durch die Wüste?
– Ein Planet in einer fernen Galaxie?

Die Rollenbesetzung:
– Gibt es eine Person, die regiert?
– Gibt es Personen, die die Regentin/den Regenten beraten?
– Gibt es eine Person, die als Kundschafter/in fungiert?
– Gibt es einen Hofnarren oder eine Hofnärrin?
– Gibt es eine zänkische Tante oder einen bösen Schwiegervater?
– Gibt es goldene Gänse oder silberne Enten?
– Gibt es einen Feuer speienden Drachen?
– Gibt es weise alte Frauen und Männer?

Der Handlungsstrang:
– Wie ist die Vorgeschichte?
– Wie ist der aktuelle Stand?
– Wie kann es weitergehen?

Der Beginn:
Fangen Sie an mit dem magischen Satz »Es war einmal …«

Gift- und Gegengift-Technik:

Diese Technik ist eine spezielle Variante des Brainstorming, die auf der Fähigkeit zum Perspektivwechsel beruht. Sie dient dazu, bei hartnäckigen Problemen Distanz herzustellen. Die Gift- und Gegengift-Technik eignet sich für verknotete Kommunikationsstrukturen und blockierte Situationen. Die bestehenden Denkblockaden können mit der Gift- und Gegengift-Technik wirksam gelöst werden.

Gift und Gegengift basiert auf dem allopathischen Grundsatz, dass es in der Natur zu jeder Substanz eine ihr entgegenwirkende gibt. Es existiert also zu fast jedem Gift auch ein Gegengift als Heilmittel. Um diese Heilmittel herauszudestillieren, unternimmt man eine Bearbeitung des Problems in zwei Stufen. Zunächst erfolgt der Transfer in die »Gift-Welt«, im Anschluss daran werden die entstandenen Gifte jeweils in ein Gegengift verwandelt.

Die zu bearbeitende Aufgabe wird vorgestellt und dann konsequent in ihr Gegenteil umformuliert. Dabei entstehen ungewohnte, scheinbar destruktive Fragestellungen. Beispielsweise wird die Ausgangsfragestellung: »Wie können wir den Informationsfluss verbessern?« verwandelt in die Fragestellung aus der Gift-Perspektive: »Wie können wir verhindern, dass ein Informationsfluss entsteht?«

Die Technik erfordert, dass diese »verkehrte« Perspektive konsequent eingenommen wird. Es müssen ganz ernsthaft Ideen entwickelt werden, wie dieses ungewöhnliche Ziel der »Gift-Welt« zu erreichen sei. Dieser Perspektivwechsel erzeugt »giftige« Ideen, die möglichst radikal, also konsequent giftig formuliert werden sollten.

Nach einer kurzen Phase der Umgewöhnung und Hemmung fließen die Ideen, oft sogar entsteht zunehmend Spaß an der neuen, scheinbar unsinnigen Perspektive, die nebenbei noch als Ventil für Wut und Frust wirken kann.

Durch den Gift-Effekt entsteht ein spürbarer Abstand, der die

Denkblockaden und die eingefahrenen Sichtweisen, die die Lösungsansätze verhindert haben, zutage treten lässt. Diese destruktiven, zerstörerischen, aggressiven und oft auch unsinnigen Ideen werden konsequent gesammelt.

Nach der »Gift-Phase« ist eine kurze Pause empfehlenswert.

Danach werden die gesammelten Ideen nach dem Prinzip »Gegengift neutralisiert das Gift« wieder umgewandelt. Nun stehen genauso viele entgiftete Lösungsmöglichkeiten zur Verfügung. Hier ist darauf zu achten, dass diese Ideen nicht nur ins Gegenteil verkehrt werden. Es geht bei dieser »Entgiftung« vor allem darum, die Gegengift-Ideen sofort zu konkretisieren, sie auf ihre Machbarkeit zu überprüfen und ihnen den Weg in die Realisierung zu ebnen.

Diese mit Gegengift behandelten Gifte sind nun konstruktive Lösungsansätze für den tatsächlichen Problembereich.

Diese Technik funktioniert optimal im Team bei einer Gruppengröße von drei bis acht Personen. Man kann aber auch im Alleingang in Form eines kreativen Rendezvous mit sich selbst beachtliche Resultate damit erzielen. Die »giftige« Fragestellung kann nicht nur sehr amüsant sein, »giftige« Ideen zu produzieren kann darüber hinaus für eine Gruppe mit einem vorhandenen Frustrationspegel durchaus einen gruppendynamischen Profit ergeben.

Kreativ-Kompetenz Motivationsfähigkeit

Definition:

Motivationsfähigkeit bedeutet zunächst, sich selbst motivieren zu können, sich – wörtlich genommen – in Bewegung versetzen, etwas tun. Um die Antriebskräfte für das eigene Handeln zu verstehen, muss man seine Wünsche und Bedürfnisse kennen, annehmen und ernst nehmen. Es geht hier also um das Selbstbewusstsein in der eigentlichen Wortbedeutung: sich seiner selbst bewusst sein.
Motivationsfähigkeit in diesem Sinne ist eigengeleiteter Antrieb. Dieser hängt entscheidend mit der Wertschätzung der eigenen Person zusammen, die wiederum erst ermöglicht, auch anderen Personen Wertschätzung zu vermitteln.

Bedeutung der Kreativ-Kompetenz Motivationsfähigkeit im Management-Alltag:

Wertschätzung beginnt zunächst bei der eigenen Person. Wer sich selbst nicht wertschätzt, das heißt die eigenen Stärken nicht kennt und nicht würdigt, kann auch nicht mit seinen Schwächen umgehen. Erst recht stellen sich dann Probleme im Umgang mit anderen ein.

Denn wer sich selbst gegenüber nicht wertschätzend verhält, wird auch keine zufriedenen Mitarbeiter und Mitarbeiterinnen haben. Wenn diese schließlich dann die Organisation, in der sie tätig sind, ebenfalls nicht wertschätzen, wird kein gutes oder gar motivierendes Arbeitsklima entstehen und schon gar keine Kundenzufriedenheit, denn diese stellt sich erst über Mitarbeiterzufriedenheit ein. Nur zufriedene und begeisterte Kunden bleiben Kunden und wirken sogar als Multiplikatoren.

Unter Zufriedenheit soll hier nun keinesfalls passive Selbstgefälligkeit verstanden werden, sondern das stärkende und motivierende Gefühl, als Individuum angenommen und ernst genommen zu werden mit den eigenen Bedürfnissen und Wünschen. Um den Mitarbeiterinnen und Mitarbeitern diese Wertschätzung auszudrücken, sind nun keinesfalls immer große Gesten erforderlich.

Meist sind es gerade sogar die leisen Töne, die Dinge, die »zwischen den Zeilen« transportiert werden, die eine große Wirkung erzielen können. Nicht immer gilt »viel hilft viel«. Und Wertschätzung muss sich auch keinesfalls immer auf materielle und kostenintensive Weise äußern.

Mit diesen Übungen und Techniken können Sie Ihre Kreativ-Kompetenz Motivationsfähigkeit trainieren:

Sichtbar:
Diese Übung fördert die Wertschätzung der eigenen Person. Dazu sollten Sie sich zunächst einen wertschätzenden Überblick über das beachtliche Spektrum Ihrer beruflichen Spezialisierungen verschaffen.

Nehmen Sie die Vielzahl der Tätigkeiten, die im Rahmen Ihrer Berufsausübung anfallen, gründlich unter die Lupe. Benennen Sie alle Tätigkeiten möglichst konkret, also nicht: »ich habe ab und zu mit Zahlen zu tun«, sondern, »ich erarbeite die Quartalsabrechnung«.

Versuchen Sie dann eine prägnante Tätigkeitsbezeichnung dafür zu finden, zum Beispiel »Zahlenakrobat/in« oder »Finanzexperte/in«. Diesen Begriff schreiben Sie auf Kärtchen oder Etiketten, die

Sie sich SICHTBAR anheften, damit Ihr vielfältiges Kennen und Können ebenfalls sichtbar wird.

Diese Übung eignet sich besonders gut für motivierende Teamsitzungen, für Teambildungsprozesse und dazu, Batterien aufzuladen. Sich das gemeinsame Leistungsspektrum bewusst zu machen, ist die Basis für einen wertschätzenden Umgang miteinander.

Der Motivationskreislauf:

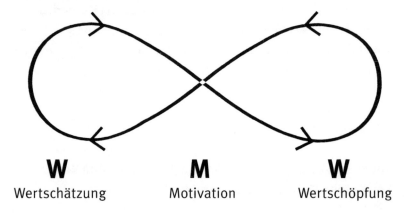

W **M** **W**
Wertschätzung Motivation Wertschöpfung

Dieses Modell eines doppelten Kreislaufes zeigt stark vereinfacht den Zusammenhang zwischen Wertschätzung, Motivation und Wertschöpfung: Motivation beginnt sich zu entfalten durch Wertschätzung.

Durch Wertschätzung steigt die Motivation. Erhöhte Motivation im Unternehmen beeinflusst die Wertschöpfung in mehrfacher Hinsicht, was sich im Wertschöpfungskreislauf niederschlägt.

Aufgrund der positiven Ergebnisse des Wertschöpfungskreislaufs wird wiederum die Motivation gesteigert, was positive Auswirkungen auf die Wertschätzung hat. Und so setzt sich der Doppelkreislauf der Motivation auf organische Weise fort. Dieser Motivationskreislauf trägt zu einem verbesserten Betriebsklima bei, das die Grundlage für neue Ideen und Innovationen ist.

Dauerhafte Motivation kann am wirkungsvollsten aus einem selbst heraus entstehen. Hierbei handelt es sich um die intrinsische Motivation. Diese ist Ausdruck des menschlichen Bedürfnisses nach Sinnhaftigkeit, Entfaltung, Gestaltung und Ausdrucksfähigkeit. Solche Antriebskräfte sind nicht durch materielle Anreize geleitet, insofern auch nicht durch diese zu erzeugen.

Darüber hinaus gibt es die extrinsische Motivation, die von außen ausgelöst wird. Allerdings ebben Engagement und Begeisterung, die allein aufgrund materieller Anreize entstanden sind, ebenso schnell wieder ab, wie sie entstanden sind, und verlangen dadurch permanent nach MEHR.

Der Wertschätzungskreislauf:

Wertschätzung wirkt nach innen und nach außen. Wer sie praktiziert, trägt zu gesteigerter Motivation bei. Für den Wertschätzungskreislauf sollten Sie individuelle Ansätze in Ihrem Unternehmensumfeld identifizieren und dann entsprechend bearbeiten.

Dazu eignet sich die »Wertschätzende Optimierungsmatrix«. Mit diesem Instrument identifizieren Sie eine Ausgangssituation, bei der es an der Vermittlung von Wertschätzung mangelt. Dann entwickeln Sie mehrere Alternativen zur Veränderung dieses Zustandes auf Wertschätzung hin. Anschließend bewerten Sie die so gewonnenen Alternativen bezüglich ihrer Machbarkeit und entscheiden über die Realisierung.

Wertschätzende Optimierungsmatrix:

Wertschätzung in Bezug auf das Identitätsbedürfnis

Ausgangssituation AS	Alternative 1	Alternative 2	Alternative 3
AS Person x fühlt sich nicht wahrgenommen/ wertgeschätzt.	A1 sind Visitenkarten mit dem korrekten Namen vorhanden?	A2 den genauen Vornamen und Nachnamen kennen und verwenden.	A3 ein Schild auf den Schreibtisch mit vollständigem Titel und Namen.

Wertschätzung in Bezug auf physiologische Bedürfnisse

Ausgangssituation AS	Alternative 1	Alternative 2	Alternative 3
AS	A1	A2	A3

Wertschätzung in Bezug auf Pausen- und Erholungskultur

Ausgangssituation AS	Alternative 1	Alternative 2	Alternative 3
AS	A1	A2	A3

Wertschätzung in Bezug auf Telefongespräche

Ausgangssituation AS	Alternative 1	Alternative 2	Alternative 3
AS	A1	A2	A3

Wertschätzung in Bezug auf E-Mails

Ausgangssituation AS	Alternative 1	Alternative 2	Alternative 3
AS	A1	A2	A3

Wertschätzung in Bezug auf Gespräche mit Mitarbeiterinnen und Mitarbeitern

Ausgangssituation AS	Alternative 1	Alternative 2	Alternative 3
AS	A1	A2	A3

Kreativ-Kompetenz Motivationsfähigkeit

Wertschätzung in Bezug auf Meetings

Ausgangssituation AS	Alternative 1	Alternative 2	Alternative 3
AS	A1	A2	A3

Wertschätzung in Bezug auf Fortbildung

Ausgangssituation AS	Alternative 1	Alternative 2	Alternative 3
AS	A1	A2	A3

Wertschätzung in Bezug auf Aufmerksamkeiten

Ausgangssituation AS	Alternative 1	Alternative 2	Alternative 3
AS	A1	A2	A3

Wertschätzung bei der Arbeitsorganisation

Ausgangssituation AS	Alternative 1	Alternative 2	Alternative 3
AS	A1	A2	A3

Dimensionen der Wertschöpfung auf einen Blick

Wertschöpfung aus dem ökonomischen Blickwinkel betrachtet:
Wertschöpfung bedeutet
- eine Steigerung der Produktivität, Wirtschaftlichkeit und anderer ökonomischer Erfolgsgrößen
- eine Veredelung der Inputfaktoren im gesamten Produktionsprozess bzw. Leistungserstellungsprozess.

Dies ergibt einen MEHR-Wert für das Unternehmen.

Wertschöpfung aus dem Blickwinkel von Organisations- und Personalentwicklung betrachtet:
Eine Prozessoptimierung entwickelt sich durch
- schnellere, leichtere Identifizierung von nichtwertschöpfenden Aktivitäten
- geringere Abwesenheits- und Fluktuationsraten der beschäftigten Personen.

Dies ergibt einen MEHR-Wert für das Unternehmen.

Wertschöpfung aus dem Individualblickwinkel betrachtet:
Wertschöpfung führt zu
- der Wahrnehmung der eigenen Beschäftigung als einer sinnvollen Tätigkeit
- mehr Selbstbewusstsein
- einem besseren und ausgeglicheneren Betriebsklima.

Dies ergibt ein MEHR an Selbstwert für die beschäftigten Personen.

Kreatives Klima kultivieren

Die vorangegangenen Übungen und Techniken haben Ihnen Möglichkeiten gezeigt, wie Sie selbst Kreativ-Kompetenz entfalten und andere dabei unterstützen können, darin ebenfalls erfolgreich zu werden. Es müssen aber auch die entsprechenden Rahmenbedingungen vorhanden sein, damit sich kreative Potenziale überhaupt entwickeln können. Gerade in Innovations- und Veränderungsprozessen ist Kreativ-Kompetenz der Schlüssel für Wettbewerbsvorsprünge. Ausgehend von der ursprünglichen Bedeutung des Begriffes, meint Kompetenz »befähigt und befugt sein«, etwas zu tun.

Kreativ-Kompetenz umfasst dabei die Dimensionen:

KÖNNEN: über das erforderliche Know-how verfügen
WOLLEN: den Spannungsbogen der Motivation aufrechterhalten
DÜRFEN: den kreativen Handlungsspielraum dafür schaffen

Vorausgesetzt, dass Mitarbeiterinnen und Mitarbeiter mit kreativen Ideen und Vorschlägen WIRKLICH gewollt sind und der Ruf nach Innovation nicht nur ein in wirtschaftspolitischen und ökonomischen Kreisen gern zitiertes Lippenbekenntnis ist, wäre dies der Ausdruck des DÜRFENS. Dabei geht es zunächst um die Schaffung eines Kreativen Klimas, das Ideen überhaupt erst entstehen lässt.

Das WOLLEN setzt den eigenen Antrieb, die Eigenmotivation beim Individuum voraus. Doch gerade in der heutigen Zeit des schnellen Wandels und Wechsels, im Zeitalter der Umstrukturierung sind neue Ideen keineswegs immer willkommen.

Oft macht sich Widerstand gegen Veränderungen breit, weil permanenter Wandel auch Orientierungslosigkeit nach sich zieht. Jede Veränderung bedeutet Chance, aber auch Risiko.

Es entsteht somit ein Paradoxon: Neue Ideen und Innovationen werden zwar gewünscht und häufig begrüßt, doch gleichzeitig immer aus der Ferne misstrauisch verfolgt, ganz nach dem Motto: »Neue Ideen? Innovationen? Gerne, brauchen wir unbedingt! Aber fangen SIE erst mal bei sich und in Ihrer Abteilung damit an!«

Der Dreh- und Angelpunkt für das aktive Managen von Veränderungsprozessen liegt im KÖNNEN: Der vorliegende Trainingsparcours zu Kreativ-Kompetenz bietet Ihnen ein entsprechendes Methodenrepertoire.

Insgesamt ist unser Buch ein entschiedenes Plädoyer für die verlässliche Nutzung Ihres kreativen Potenzials, eine Anleitung zur systematischen Ergänzung und Wartung Ihrer Kreativ-Kompetenz. Die Verantwortung für die Entfaltung und dauerhafte Pflege liegt allerdings bei Ihnen selbst. Nur Sie können entscheiden, ob und wann Sie in Ihre Kreativ-Kompetenz investieren. Durch die bewusste Handhabung kann Kreativ-Kompetenz zu einer verlässlich kalkulierbaren Größe im Berufsleben werden.

Dies hat entscheidende Vorteile:
- Kreativ-Kompetenz ermöglicht es, »kalkulierbar schöpferisch« zu sein und andere dazu anzuleiten.
- Kreativ-Kompetenz macht unabhängig von spontanen Einfällen, die nicht planbar sind.
- Durch Kreativ-Kompetenz können berufliche Aufgabenstellungen einfallsreich, zielgerichtet und praxisorientiert bewältigt werden. So lassen sich Probleme lösen und Überlebenskonzepte für den Wettbewerb von morgen schaffen.

Einblick
Ein Kaleidoskop von Ansichten und Einsichten zu Kreativ-Kompetenz

Kreativität ist eine der grundlegenden menschlichen Fähigkeiten zur Lebensgestaltung. Indem der Mensch seine Umgebung beeinflusst und sich Bedingungen schafft, in denen er leben und überleben kann, erfindet und gestaltet er sich gleichsam selbst. Kreatives Handeln vereint produktives Tun mit schöpferischem, experimentellem Gestalten und fördert so die Entwicklung und Entfaltung menschlicher Potenziale. Wer aus dem Gestaltungsprozess der Gesellschaft ausgeschlossen wird bzw. wegen Krankheit oder anderer hemmender Umstände nicht mehr von sich aus gestalten kann, läuft Gefahr, an Lebenswillen und Antriebskraft zu verlieren.

Kreativität ist allerdings nicht nur die eigendynamische Antriebskraft in der menschlichen Entwicklungsgeschichte. Für viele Lebensbereiche der heutigen und zukünftigen Gesellschaft gehört sie zu den unverzichtbaren Kernkompetenzen.

Dass über Ausdruck und Wirkung der menschlichen Kreativität bereits in früheren Gesellschaften mit viel Engagement nachgedacht wurde, zeigen die nachfolgenden Zitate. In ihnen wird die positive Kraft von Kreativität – wenn auch begrifflich anders gefasst – beleuchtet.

Die hier gesammelten Ansichten führen durch die letzten zwanzig Jahrhunderte und durch zahlreiche Länder, Lebensbereiche und Tätigkeitsfelder. So entsteht ein facettenreiches Kaleidoskop von Einsichten, Meinungen und Überzeugungen zu dem, was wir heute Kreativ-Kompetenz nennen.

Kreativ-Kompetenz Neugier:

»Die Chance zu sehen ist keine Kunst. Die Kunst ist es, die Chance als Erster zu sehen.«
Benjamin Franklin, 1706–1790
(amerikanischer Politiker, Naturwissenschaftler und Schriftsteller)

»Die Neigung der Menschen, kleine Dinge für wichtig zu halten, hat sehr viel Großes hervorgebracht.«
Georg Christoph Lichtenberg, 1743–1799
(deutscher Philosoph, Naturwissenschaftler und Publizist)

»Wenn Sie in den letzten Jahren keine wichtigen Überzeugungen aufgegeben haben oder neue angenommen haben, dann sollten Sie einmal Ihren Puls fühlen. Vielleicht sind Sie schon tot.«
Frank Gelett Burgess, 1866–1951
(amerikanischer Humorist und Illustrator)

»Das ist der Fluch der Zufriedenheit: Zufriedene Menschen wünschen keine Veränderung und gefährden gerade dadurch ihre Zufriedenheit.«
Herbert George Wells, 1866–1946
(britischer Schriftsteller)

»Im Spiel des Unmöglichen mit dem Möglichen erweitern wir unsere Möglichkeiten.«
Ingeborg Bachmann, 1926–1973
(österreichische Schriftstellerin)

Kreativ-Kompetenz Perspektivwechselfähigkeit:

Perspektivwechselfahigkeit

»Jener hat Verstand, der die Ähnlichkeiten zwischen unterschiedlichen Dingen und die Unterschiede zwischen gleichen Dingen sieht.«
Madame de Staël, 1766–1817
(französische Schriftstellerin schweizerischer Herkunft)

»Ich erfinde nichts, ich entdecke nur etwas neu.«
Auguste Rodin, 1840–1917
(französischer Bildhauer)

»Der vernünftige Mensch passt sich der Welt an, der unvernünftige besteht darauf, zu versuchen, die Welt an sich anzupassen, weshalb der Fortschritt von unvernünftigen Menschen abhängt.«
George Bernhard Shaw, 1856–1950
(britischer Schriftsteller)

»Die Kunst gibt nicht das Sichtbare wieder, sie macht sichtbar.«
Paul Klee, 1879–1940
(deutscher Maler und Grafiker schweizerischer Herkunft)

»Ich suche nicht – ich finde.«
Pablo Picasso, 1881–1973
(spanischer Grafiker, Maler und Bildhauer)

»Ich schreibe, was mir Spaß macht. Einzig das Kind, das ich einmal selbst war, inspiriert mich zu meinen Geschichten.«
Astrid Lindgren, 1907–2002
(schwedische Schriftstellerin)

Kreativ-Kompetenz Einfallsreichtum:

EINFALLSREICHTUM

»Was jetzt als bewiesen gilt, bestand einst nur in der Fantasie.«
William Blake, 1757–1827
(britischer Dichter, Maler und Kupferstecher)

»Was wir brauchen, sind ein paar verrückte Leute. Seht euch an, wo die vernünftigen uns hingebracht haben.«
George Bernhard Shaw, 1856–1950
(britischer Schriftsteller)

»Die Klage über die Schärfe des Wettbewerbs ist in Wirklichkeit nur eine Klage über den Mangel an Einfällen.«
Walther Rathenau, 1867–1922
(deutscher Industrieller und Politiker)

»Nur ein wenig Fantasie gehört dazu, um das Leben fantastisch zu finden.«
Thomas Mann, 1875–1955
(deutscher Schriftsteller)

»Fantasie ist wichtiger als alles Wissen.«
Albert Einstein, 1879–1955
(deutscher Physiker)

»Es ist gut, dass es die Welt der Fantasie gibt mit ihrer befreienden Wirkung. Auch wir Erwachsenen brauchen sie.«
Astrid Lindgren, 1907–2002
(schwedische Schriftstellerin)

»Die Zukunft kann man am besten voraussagen, wenn man sie selbst gestaltet.«
Jean Fourastié, 1907–1990
(*französischer Sozialwissenschaftler, Wirtschaftswissenschaftler und Politiker*)

»Ich erschaffe mich selbst, ich erschaffe meine Geschichte.«
Simone de Beauvoir, 1908–1986
(*französische Schriftstellerin*)

Kreativ-Kompetenz Mut:

»Nicht weil es schwer ist, wagen wir es nicht, sondern weil wir es nicht wagen, ist es schwer.«
Lucius Annaeus Seneca, 4 v. u. Z. – 65 u. Z.
(*römischer Schriftsteller*)

»Ich kann freilich nicht sagen, ob es besser wird, wenn es anders wird, aber so viel kann ich sagen, es muss anders werden, wenn es gut werden soll.«
Georg Christoph Lichtenberg, 1743–1799
(*deutscher Philosoph, Naturwissenschaftler und Publizist*)

»Artige Kinder fordern nichts, artige Kinder kriegen nichts.«
Otto von Bismarck, 1815–1898
(*deutscher Politiker*)

»Ein Unternehmer hat den Mut, in den Augen der herrschenden Meinung exzentrisch, unkonventionell und voreilig zu sein.«
John M. Keynes, 1883–1946
(*britischer Nationalökonom*)

»Der beste Weg, einem Problem zu entgehen, ist es zu lösen.«
   Thomas Wolfe, 1900–1938
   (amerikanischer Schriftsteller)

»Wenn Sie ein erfolgreiches Unternehmen sehen, hat irgendjemand einst eine mutige Entscheidung getroffen.«
   Peter Drucker, geb. 1909
   (österreichischer Managementberater)

»Und das Schlimme daran ist, wenn Sie nichts riskieren, riskieren Sie sogar noch mehr.«
   Erica Jong, geb. 1942
   (amerikanische Schriftstellerin)

Kreativ-Kompetenz Humor:

»Es steht einem Menschen besser an, über das Leben zu lachen als darüber zu jammern.«
   Lucius Annaeus Seneca, 4 v. u. Z. – 65 u. Z.
   (römischer Schriftsteller)

»Mische ein bisschen Torheit in dein ernsthaftes Tun und Trachten. Albernheiten im rechten Moment sind etwas Köstliches.«
   Quintus Horatius Flaccus (Horaz), 65 – 8 v. u. Z.
   (römischer Satiriker und Dichter)

»Denkt aber daran, dass sich aus allen Quellen des Witzes meist auch ernsthafte Gedanken gewinnen lassen.«
   Marcus Tullius Cicero, 106 – 43 v. u. Z.
   (römischer Politiker)

»Der Genuss des Humors setzt höchste geistige Freiheit voraus.«
Christian Friedrich Hebbel, 1813–1863
(deutsch-österreichischer Dichter)

»Solange noch ein wenig gelacht wird, sind die Dinge in Ordnung. Sobald dieser höllische Ernst wie ein öliger See aufkommt, ist alles verloren.«
David Herbert Lawrence, 1885–1930
(britischer Schriftsteller)

»Wer lachen kann, dort wo er hätte weinen können, bekommt wieder Lust am Leben.«
Erich Kästner, 1899–1974
(deutscher Schriftsteller)

»Jeder Witz ist eine winzige Revolution.«
George Orwell, 1903–1950
(britischer Schriftsteller)

Kreativ-Kompetenz
Motivationsfähigkeit: *Motivationsfähigkeit*

»Wenn du liebst, was du tust, wirst du nie mehr in deinem Leben arbeiten.«
Konfuzius, 551–479 v. u. Z.
(chinesischer Philosoph)

»Entweder ich finde einen Weg oder ich mache mir einen.«
Sir Philip Sidney, 1554–1586
(englischer Dichter)

Einblick

»Man kann den Menschen nichts lehren, man kann ihm nur helfen, es in sich selbst zu finden.«
Galileo Galilei, 1564–1642
(italienischer Mathematiker, Physiker und Philosoph)

»Leidenschaften sind die einzigen Fürsprecher, die immer überzeugen. Der Ungebildete wird, wenn er mit Leidenschaft auftritt, stets mehr überzeugen als der größte Redner ohne solche.«
René Descartes, 1596–1650
(französischer Philosoph, Mathematiker und Naturwissenschaftler)

»Für das Können gibt es nur einen Beweis: das Tun!«
Marie von Ebner-Eschenbach, 1830–1916
(österreichische Schriftstellerin)

»Unsere größte Schwäche liegt im Aufgeben. Der sicherste Weg zum Erfolg ist immer, es noch einmal zu versuchen.«
Thomas Edison, 1847–1931
(amerikanischer Erfinder)

»Denn nichts ist für den Menschen etwas wert, was er nicht mit Leidenschaft tun kann.«
Max Weber, 1864–1920
(deutscher Soziologe)

»Um Ideen wirksam zu machen, müssen wir fähig sein, sie zu zünden.«
Virginia Woolf, 1882–1941
(britische Schriftstellerin)

»Wenn Ihre Pläne scheitern, waren Sie erfolgreich, wenn Ihre Pläne erfolgreich waren, sind Sie gescheitert.«
Peter Drucker, geb. 1909
(österreichischer Managementberater)

»Es gibt kaum etwas Motivierenderes, als wenn Sie Ihren Mitarbeitern die Chance geben, ihren Idealismus zu erproben und zum Ausdruck zu bringen.«
Anita Roddick, geb. 1942
(amerikanische Unternehmerin)

Ausblick
Der Beginn eines Kreativen Dialogs

Wenn diese Reise durch sieben Kreative Abenteuer Sie inspiriert, beflügelt und auf neue Gedanken gebracht hat, freut uns das als Autorinnen dieses Buches sehr. Sie können es uns gerne wissen lassen. Wenn Sie in der Vergangenheit bereits selbst ein Kreatives Abenteuer beim Managen mit Kreativ-Kompetenz erlebt haben, wenn Sie gegenwärtig mittendrin sind oder wenn Sie für die Zukunft ein solches vorhaben – dann sind wir gespannt auf Ihre Berichte und Fallschilderungen.

Falls Sie uns Anregungen, Impulse, Anmerkungen oder Fragen zur Entwicklung und Entfaltung Ihrer Kreativ-Kompetenz mitteilen wollen, freuen wir uns auf einen Dialog mit Ihnen.

Vielleicht gründen Sie ja sogar einen ähnlichen Kreis wie den Club K.U.N.T.E.R.B.U.N.T.? Oder es gibt in Ihrem Umfeld bereits ähnliche Zirkel und Gelegenheiten zur kreativen Erfahrungsvermittlung und zum inspirierenden Gedankenaustausch?

Eine Einladung in eine solche Expertenrunde, auch wenn sie nicht im »Bunten Salon« stattfindet, ist uns jedenfalls willkommen.

Und so können Sie mit uns in einen kunterbunten Gedankenaustausch über den Pippi Langstrumpf-Faktor und über Kreativ-Kompetenz treten:

ATB – Advanced Training Blumenschein
Annette Blumenschein
Martin-Luther-Straße 30 • 60389 Frankfurt am Main
a.blumenschein@atb-ffm.de • www.atb-ffm.de

PRODUKT✶KONZEPT
Ingrid Ute Ehlers
Kleine Brückenstraße 5 • 60594 Frankfurt am Main
ehlers@kreativ-kompetenz.de • www.kreativ-kompetenz.de

Literaturspektrum

Die in diesem Buch verwendeten Originalzitate von Pippi Langstrumpf sind den folgenden Werken entnommen:

Lindgren, Astrid:
Pippi Langstrumpf. Gesamtausgabe der Einzelbände »Pippi Langstrumpf«, »Pippi Langstrumpf geht an Bord« und »Pippi in Taka-Tuka-Land«, Hamburg 1987.

Lindgren, Astrid:
Pippi Langstrumpf plündert den Weihnachtsbaum, Hamburg 1981.

© Verlag Friedrich Oetinger, Hamburg 1949.

Informative und inspirierende Literatur zum Thema Kreativ-Kompetenz:

Bate, Paul:
Cultural Change. Strategien zur Änderung der Unternehmenskultur, München 1997.

Brandes, Dieter:
Einfach managen. Klarheit und Verzicht – der Weg zum Wesentlichen, Frankfurt am Main – Wien 2002.

Berf, Paul und Surmatz, Astrid:
Astrid Lindgren – Zum Donnerdrummel! Ein Werkportrait, Hamburg 2002.

Boy, Jacques und Dudel, Christian und Kuschel, Sabine:
Projektmanagement, Offenbach 1994

Buzan, Tony und Barry:
Das Mind-Map-Buch, Landsberg am Lech 1999.

Blumenschein, Annette und Ehlers, Ingrid Ute:
Ideen-Management – Wege zur strukturierten Kreativität, München 2002.

Coleman, Petra:
The Way of Change. 7 Basics für erfolgreiche Veränderungsprozesse im Unternehmen, München 2002.

Cromme, Gabriele:
Astrid Lindgren und die Autarkie der Weiblichkeit, Hamburg 1996.

Doppler, Klaus:
Der Change Manager. Sich selbst und andere verändern – und trotzdem bleiben, wer man ist, Frankfurt am Main 2003.

Doppler, Klaus:
Dialektik der Führung. Opfer und Täter, 2. Auflage, München 2001.

Edström, Vivi:
Astrid Lindgren – Im Land der Märchen und Abenteuer, Hamburg 1997.

Fromm, Erich:
Die Furcht vor der Freiheit, 4. Auflage, München 1994.

Geetz, Isaac und Robinson, Alan G.:
Innovations-Power. Kreative Mitarbeiter fördern – Ideen systematisch generieren, München 2003.

Giesler, Marianne:
Kreativität und organisationales Klima. Entwicklung und Validierung eines Fragebogens zur Erfassung von Kreativitäts- und Innovationsklima in Betrieben, Münster 2003.

Große-Oetringhaus, Hans-Martin:
Stark wie Pippi Langstrumpf, Bad Honnef 2003.

Holtbern, Thomas:
Führungsfaktor Humor, Frankfurt am Main 2003.

Johnson, Mike:
Perspektiven. Das Management der Zukunft, Düsseldorf 1996.

Lindgren, Astrid:
Das entschwundene Land, München 2002.

Ljunggren, Kerstin:
Besuch bei Astrid Lindgren, Hamburg 1994.

Luhmann, Niklas:
Soziologie des Risikos, Berlin – New York 1991.

Luhmann, Niklas:
Vertrauen. Ein Mechanismus der Reduktion sozialer Komplexität, Stuttgart 1989.

Mankell, Henning:
»Astrid Lindgren« in DER SPIEGEL 6/2002.

Nix, Angelika:
Das Kind des Jahrhunderts im Jahrhundert des Kindes, Freiburg im Breisgau 2002.

Pitcher, Patricia:
Das Führungsdrama. Künstler, Handwerker und Technokraten im Management, 2. Auflage, Stuttgart 1998.

Porter, Michael E.:
Wettbewerbsvorteile. Spitzenleistungen erreichen und behaupten, Frankfurt am Main 2000.

Schönborn, Felicitas von:
Lindgren – Das Paradies der Kinder, Freiburg 1995.

Schüz, Mathias:
Werte – Risiko – Verantwortung. Dimensionen des Value Management, München 1999.

Schumpeter, Joseph Alois:
Theorie der wirtschaftlichen Entwicklung, Berlin 1997.

Sennett, Richard:
Der flexible Mensch. Die Kultur des neuen Kapitalismus, Berlin 2000.

Topsch, Wilhelm:
Kinderliteratur im Medienzeitalter. Pippi Langstrumpf – ein Kinderbuch geht um die Welt, Oldenburg 1998.

Zawadzky-Krasnopolsky, Georg Harald:
Leadership ohne Vorurteile. Beobachten statt Behaupten, München 2002.

Zimbardo, Philip G.:
Psychologie, 7. Auflage, Berlin – Heidelberg – New York 2003.

MURMANN BUSINESS & MANAGEMENT

Ulrich Dehner (Hg.)
Erfolgsfaktor Coaching
15 Praxisberichte

256 Seiten, ISBN 3-938017-08-2

Coaching ist ursprünglich ein Begriff aus dem Sport, wo er ein erfolgsorientiertes Training kennzeichnet. Übertragen auf den Bereich des Management steht er für eine kompetente Unterstützung in Veränderungsprozessen. Zeitrahmen und Ziel sind dabei klar bestimmt. Coaching ist dann erfolgreich, wenn es den Klienten befähigt, Blockaden in problemlösendes Handeln zu transformieren.

Das hochkarätige Autorenteam zeigt unterschiedlichste Aspekte für erfolgreiches Coaching und gibt professionelle Antworten auf Fragen wie: Wann ist Coaching sinnvoll? Was macht einen guten Coach aus? Welchen Nutzen hat der Coachee und welchen das Unternehmen?

Die Autoren arbeiten seit Jahren erfolgreich in verschiedenen Branchen und bieten einen umfassenden und praxisnahen Report rund ums Coaching: Coaching in Unternehmenskrisen, Coaching von Nachwuchsführungskräften oder für Politiker, Crosskulturelles Coaching, Medien-Coaching.

Ein ergänzender Serviceteil nennt Qualitätskriterien, Adressen, Anlaufstellen.

Ich wünsche allen Menschen, die ihr privates und berufliches Leben aktiv und erfolgreich gestalten wollen, dieses Buch in die Hand zu bekommen.
Rolf Schmidt-Holtz

MURMANN

MURMANN SELBSTMANAGEMENT

Helen Frei
Fabel*haftes* Coaching
Leitfaden zur Persönlichkeitsentwicklung

216 Seiten, ISBN 3-938017-11-2

Ein Goldfisch schwimmt sich frei, ein Packesel wirft Lasten ab, ein Papagei lernt die Kraft seiner Gefühle kennen, ein Hahn kümmert sich nicht mehr nur um seinen eigenen Mist und eine Schnecke streckt ihre Fühler in eine neue Richtung aus.

Amüsant und tiefgründig zugleich führen die Tiergeschichten in diesem Buch weit weg vom Alltag und wieder mitten ins Leben hinein. Aus einem je anderen Blickwinkel gehen sie der Frage nach:

Was machen Sie bereits aus Ihrem Leben und wo könnten Sie noch mehr oder etwas anderes daraus machen?

Mit ihren klar strukturierten Auslegungen und intensiven Übungen sind Helen Freis Fabeln eine Einladung zum Selbstcoaching. Sie fordern dazu heraus, einem unkonventionellen Pfad der Persönlichkeitsentwicklung zu folgen.

»Fabelhaftes Coaching bietet Ihnen die große Chance, an Ihrer Selbstkompetenz und Sozialkompetenz zu arbeiten.« *Bernd M. Filz* / »Ein sehr unkonventionelles Methodenbuch!« *Der Bücherscout* / »Tierisch gut.« *Trend*

MURMANN